MARIA SANCHEZ

Die revolutionäre Kraft des Fühlens

GOLDMANN

BUCH

Mit uns ist nichts verkehrt. Schon jetzt nicht. Selbst wenn wir unter Depressionen leiden, übermäßig viel essen müssen oder sich unsere Not auf eine andere Weise zeigt. Wir sind keine Fehler, die man berichtigen muss. Unsere »Störungen« sind die Zeugen einer verloren gegangenen emotionalen Intimität zu uns selbst. In ihnen eingesperrt wartet das Leben. In »Die revolutionäre Kraft des Fühlens« zeigt Maria Sanchez, dass wir vieles von dem, was wir bisher über Psychologie gelernt haben, infrage stellen müssen. Detailliert, aufschlussreich und einfühlsam erklärt sie, warum unsere psychologischen und spirituellen Bemühungen unsere tiefste Sehnsucht nach Leben so häufig nicht stillen können.

AUTORIN

Maria Sanchez, geboren 1968 in Málaga, Spanien, ist Gründerin der psychologischen und spirituellen Bewegung »Sehnsucht und Hunger« und »EssentialCore«. Sie lebt in Hamburg, wo sich auch ihr Ausbildungs- und Seminarzentrum befindet. Ihr Wissen gibt sie sowohl dort als auch in Seminaren und Vorträgen in Deutschland, Österreich und der Schweiz weiter.

Außerdem von Maria Sanchez im Programm

Warum wir ohne Hunger essen (22231)

MARIA SANCHEZ

Die revolutionäre Kraft des Fühlens

Emotionen verstehen und mit ihnen heilen

GOLDMANN

Dieses Buch erschien erstmals 2019 unter dem Titel
»Die revolutionäre Kraft des Fühlens« im Gräfe und Unzer Verlag in München.

FSC
www.fsc.org
MIX
Papier | Fördert gute Waldnutzung
FSC® C014496

Penguin Random House Verlagsgruppe FSC® N001967

5. Auflage
Vollständige Taschenbuchausgabe Juli 2021

Projektleitung: Florian Fischer, Maria Hellstern
Redaktion: Alexandra Bauer (textwerk, München)
Lektorat: Alexandra Bauer (textwerk, München),
Cornelia Rüping für textwerk, München
Umschlag: Uno Werbeagentur, München, nach der
Umschlaggestaltung von Martina Baldauf, München
Illustrationen: Anja Stiehler-Patschan/Jutta Fricke Illustrators
Bildnachweis: Cover, ccahill/iStock; Coverklappe, Urs Küster
Satz: Satzwerk Huber, Germering
Druck und Bindung: GGP Media GmbH, Pößneck
Printed in Germany
LG · cb
ISBN 978-3-442-22327-5

www.goldmann-verlag.de

In diesem Buch habe ich den Begriff »Emotionsfiguren«, den ich in meinen bisherigen Veröffentlichungen verwendet habe, der Übersicht halber nicht aufgeführt. Sie haben aber dennoch weiterhin Bestand und lassen sich sehr gut in den hier vorgestellten Buchinhalt einfügen. Wie diese Einordnung geschieht, erläutere ich in einem Video auf meiner Internetseite: www.mariasanchez.de.

Inhalt

I. Die Urwunde

» Was die Urwunde ist und wie sie entsteht.

» Warum jeder Mensch ein geliebtes und ein ungeliebtes Kind in sich trägt.

» Was die Urwunde mit unserer Gesellschaft zu tun hat.

» Warum unsere inneren Ressourcen uns entweder als Stärkungsmittel oder als Fluchthilfe dienen.

Mit uns ist nichts verkehrt

Schon jetzt nicht. Selbst wenn wir unter Depressionen leiden, übermäßig viel essen müssen oder sich unsere Not auf andere Weise zeigt. Wir sind keine Fehler, die man berichtigen muss. Unsere »Störungen« sind die Zeugen einer verloren gegangenen emotionalen Intimität mit uns selbst. In ihnen eingesperrt wartet das Leben. Unser Leben.

In diesem Buch geht es weder darum, ein weiteres psychologisches Make-up aufzutragen, noch darum, eine entseelte Form von innerer Zuwendung anzupreisen. Ich werde Sie nicht einladen, unliebsame Symptome wegzuatmen, wegzuklopfen, wegzumeditieren oder mit einem psychologischen Skalpell – und sei es noch so behutsam und liebevoll im Schnitt – auf andere Weise zu entfernen.

Der Heilungsweg, von dem ich hier sprechen möchte, wird uns nicht dazu auffordern, etwas an uns psychologisch zu amputieren. Er wird uns vielmehr erstaunen. Uns berühren und überraschen. Zeitweilig wird er uns provozieren, damit wir in bewusster Rebellion gegen ihn unsere machtvolle Kraft entdecken können. In Momenten, in denen wir uns hässlich und nackt oder resigniert und beschämt fühlen, wird er uns nicht nahelegen, uns von unserer Verletzlichkeit zu distanzieren. Er wird uns umarmen wollen und uns lehren, wie unsere Zartheit unsere Dunkelheit erhellen kann. Manchmal wird er uns, wie bei einer Geburt, Schmerzen zufügen, weil wir uns sonst nicht auf das Neue und Unbekannte einlassen würden, während er uns ein anderes Mal mit warmer Sanftheit in das Leben hineinwiegt. Ganz sicher wird er uns zuweilen massiv herausfordern, aber eines wird er nie tun: versuchen, uns im Kern zu korrigieren. Denn mit uns ist nichts verkehrt.

Dies mag verklärt klingen, aber an einem Heilungsweg ist nichts Verklärtes. Man braucht Mut, um ihn zu beschreiten. Und auch wenn sich unser Mut erst beim Gehen in der erforderlichen Form entwickeln kann, so braucht es doch schon vor Beginn unserer Genesungsreise eine grundlegende Entscheidung darüber, welche Richtung wir einschlagen. Wollen wir nur gut funktionieren oder wollen wir unsere Sehnsucht nach Leben stillen? Der englische Dichter Edward Young schrieb: »Wir werden als Originale geboren und sterben als Kopien.« Worauf also wollen wir unseren inneren Kompass ausrichten? Wir haben die Wahl.

Jeder, der leidet, kennt das schmerzvolle Empfinden, dass etwas Grundlegendes nicht stimmt. Ganz gleich, ob es sich um Süchte, Depressionen, Ängste, wiederkehrende Beziehungsprobleme oder um etwas anderes handelt. In den dunkleren Momenten unseres Lebens spüren wir fast alle zutiefst und hartnäckig, dass es mehr für uns geben muss als das, was wir gerade erfahren. Es gibt Menschen, bei denen ihr bis dahin unsichtbares inneres Leiden plötzlich und unausweichlich in den Alltag einbricht. Andere hingegen können durch die Aufgaben, die ihre Familie oder ihr Beruf an sie stellt, ihre innere Not hinter einer gut funktionierenden Fassade über viele Jahre bewusst oder unbewusst geheim halten. Sie leiden still. Wir alle versuchen, so gut es uns möglich ist, unser Leben zu leben.

Es gibt aber auch Menschen, die sich emotional so stark betäubt haben, dass sie den natürlichen Impuls, aus ihren inneren verdunkelten Fenstern hinausschauen zu wollen, gar nicht mehr wahrnehmen. Sie haben es »geschafft«, den unschuldigen Augenaufschlag ihres Lebendigseins einzubetonieren. Dass wir sie in schwierigen Momenten dennoch beneiden, liegt vor allem daran, dass sie in unserer Gesellschaft als »normal« gelten. Es scheint, als verliefe ihr Leben ohne größere Schwierigkeiten. Die Tatsache, dass uns etwas schmerzt, verdeutlicht jedoch, dass wir uns selbst gegenüber nicht gleichgültig sind. Auch wenn wir uns vielleicht zeitweilig fühlen, als wären wir in einem inneren schwarzen Universum verloren gegangen, zeigen unsere seelischen Schmerzen doch, dass wir Kontakt zu unserer Sehnsucht haben. Wir bedeuten uns noch etwas.

Niemand möchte leiden. Es ist zutiefst menschlich, dass wir uns wünschen, unsere Not möge endlich aufhören. Doch obwohl das Unterstützungsangebot heutzutage so groß ist wie noch nie, steigt in unserer Gesellschaft die Anzahl der Menschen mit Depressionen, Essstörungen, Verhaltensauffälligkeiten und Vereinsamung. Was wir brauchen, ist ein Umdenken. Eine neue Begegnung mit uns selbst. Mit diesem Buch möchte ich Sie einladen, nicht länger vergeblich zu versuchen, den Horizont zu erreichen in der Hoffnung, Sie könnten durch noch mehr

Anstrengung irgendwann dort ankommen. Vielmehr setze ich darauf, dass dieses Buch Sie ermutigen kann, sich mit einem umfassenderen Verständnis für sich selbst den heimatlosen Persönlichkeitsseiten in Ihnen auf eine ganz neue Weise anzunähern.

Damit dies möglich wird, werden Sie manches, was Sie über Psychologie bisher gelernt oder gehört haben, infrage stellen müssen. Damit möchte ich keinesfalls die Bedeutung psychologischer Errungenschaften schmälern. Viele Männer und Frauen haben in der Vergangenheit auf diesem Gebiet Großartiges und Herausragendes geleistet. Ohne ihre Erkenntnisse und Erfahrungen wären wir heute in Bezug auf das Wissen um unser Innenleben nicht so weit, wie wir sind. Ihnen gebührt mein tiefster Dank und mein tiefster Respekt! Doch die Entwicklung schreitet voran. Um aber weitergehen zu können, braucht es einen offenen Blick in *alle* Richtungen. Genau hier setzt dieses Buch an.

Die folgenden humorvollen Zeilen des Schweizer Schriftstellers Kurt Marti eignen sich, wie ich finde, gut für einen Aufbruch: »Wo kämen wir hin, wenn alle sagten, wo kämen wir hin, und niemand ginge, um einmal zu schauen, wohin man käme, wenn man ginge.«

Die wertvollste Reise meines Lebens

Der Beginn meines eigenen Heilungsweges liegt über 25 Jahre zurück. Damals war ich emotional schwer verwundet. Ich hatte eine starke Ess- und Angststörung und litt unter einer Depression. Die traumatischen Erlebnisse meiner Kindheit hatten tiefe Spuren in mir hinterlassen. Zu Beginn bluteten meine Wunden so stark, dass ich zeitweilig den Lebenswillen verlor. Ausgelöst durch eine Stoffwechselerkrankung, die mit einer starken Gewichtszunahme einherging, brach meine verdrängte traumatische Vergangenheit wie Wellen über mich hinein und drückte mich immer wieder unter Wasser. Mein Plan, ein Medizinstudium zu beginnen und ein Leben zu führen, das ich damals als erstrebenswert empfand, wurde durch meinen Zusammenbruch durchkreuzt. Ich konnte also nicht den *physischen* Körper erforschen, vielmehr schleuderte mich das Leben auf einen Weg, auf dem mein *emotionaler* Körper im Mittelpunkt stand.

Damit begann eine sehr intensive Erkundung meiner selbst, die für mich zur wertvollsten Reise meines Lebens wurde. Im Lauf dieser inneren Expedition verlor ich ohne reglementierende Maßnahmen wie Sport- oder Ernährungspläne 30 Kilo. Darüber hinaus konnten auch meine Angststörung und meine Depression Heilung erfahren. Dass ich einen Weg aus dieser inneren Hölle der Selbstablehnung und Angst herausgefunden habe, erfüllt mich auch heute noch mit tiefer Dankbarkeit.

Entscheidend war damals, dass ich im Versuch-und-Irrtum-Verfahren sehr viele Übungen entwickelte, die mir halfen, mir selbst ganz neu begegnen zu können. Nicht alle erwiesen sich auf Dauer als geeignet, viele verwarf ich wieder. Diejenigen, die es mir ermöglichten, meinem psychischen Gewicht – also den Verletzungen meiner Kindheit – und dadurch meinen biografischen Kilos näher zu kommen, wendete ich so regelmäßig an, wie es mir möglich war. So lernte ich, mich selbst *emotional* zu begleiten und eine spezielle Form von Präsenz zu entwickeln, die ich heute »emotionale Präsenz« nenne. Was dies genau bedeutet, erläutere ich an geeigneter Stelle im Buch.

Ging es mir am Anfang nur darum, meine »Störungen« loszuwerden, wurde mir mit der Zeit immer deutlicher, dass genau diese innere Haltung ein großer Teil des Problems war. Je besser ich meine inneren Landschaften kennenlernte, desto klarer wurde mir, dass meine Symptome nicht einfach nur Relikte aus meiner Vergangenheit waren, die mich daran hinderten, meinen Lebensrhythmus zu finden, und deshalb unbedingt verändert werden sollten. Ich lernte, dass meine Ängste nicht überwunden werden wollten; sie wollten endlich heilen dürfen. Was den wichtigen Unterschied zwischen diesen beiden Blickrichtungen ausmacht, werde ich Ihnen im Verlauf dieses Buchs verdeutlichen.

Angesichts meiner starken Traumatisierung suchte ich Hilfe bei einer Psychotherapeutin. Glücklicherweise ermutigte sie mich, meiner emotionalen Selbstbegleitung weiter nachzugehen. Und bat mich, ihr über meine Übungen und inneren Erkundungsreisen zu berichten. Der sehr herzliche Kontakt zu ihr und ihre Rückendeckung, die mir Halt gab, waren für mich sehr wichtig. Unter anderem auch deshalb, weil ich den Ansatz, der sich mir langsam auf meiner inneren Forschungsreise offenbarte, nirgendwo in Ausführungen zur Psychologie wiederfinden konnte. Meine Zweifel waren dementsprechend anfangs sehr groß. Gerade wenn ich auf meinem Weg stockte – und das kam zu Beginn oft vor – oder es sich anfühlte, als würde ich mich rückwärts bewegen statt voran, wurden die kritischen und verurteilenden Gedanken in mir außerordentlich laut.

Auch wenn es zunächst so klingen mag, mein Heilungsweg verlief keineswegs unkompliziert und linear. Aufgrund der starken Verletzungen während meiner Kindheit musste meine verratene Kinderseele erst lernen, mir als Erwachsenem zu vertrauen, um sich mir pur, ungeschminkt und in all ihren Facetten zeigen zu können. Die dafür notwendige innere Haltung war nicht plötzlich vorhanden, sondern entwickelte sich erst nach und nach beim Gehen des Weges.

Seit vielen Jahren arbeite ich nun selbst als Therapeutin. Dabei zeige ich Menschen unter anderem, wie sie die »emotionale Selbstbegleitung« erlernen können. Sie ist die Grundlage meiner Arbeit. Da ich sie ursprünglich nur für mich selbst entwickelt habe, freut es mich umso mehr, dass sie heute auch anderen Menschen eine Unterstützung sein kann.

Selbstverständlich möchte ich nicht den grundsätzlichen Wert von Therapien infrage stellen. Wenn wir uns von Symptomen überfordert fühlen oder unter den Folgen eines Traumas leiden, ist es wichtig und richtig – und vor allem uns selbst gegenüber liebevoll –, dass wir uns therapeutische Hilfe holen. Dennoch steht, wie zuvor schon ausgeführt, die grundsätzliche Frage nach unserer Ausrichtung im Raum: Wollen wir nur wieder gut funktionieren oder wollen wir unsere Sehnsucht nach Leben stillen? Wenn es nicht allein darum geht, ein Problem zu bearbeiten, sondern wenn wir darüber hinaus in einen fortlaufenden, sich vertiefenden Kontakt mit uns selbst treten möchten, braucht es meiner Erfahrung nach mehr als therapeutische Sitzungen. Erforderlich ist zusätzlich eine gesunde Form von Selbstermächtigung in der emotionalen Begleitung unserer selbst. Wir alle können lernen, uns selbst an die Hand zu nehmen. Schritt für Schritt. In dem Tempo und auf die Weise, die für jeden von uns stimmig ist. Meiner Erfahrung nach kann Heilung in der Tiefe nur dann geschehen, wenn *wir* zu emotionalen Expertinnen und Experten für uns selbst werden. Denn niemand ist so nahe an uns dran wie wir selbst. Wir können uns Unterstützung im Außen holen und das ist wunderbar. Letztlich kommt es aber darauf an, wie wir uns in unserem Alltag – vor allem, wenn wir mit uns allein sind – *emotional* begegnen können.

Leben wir mit uns in einer inneren Zwangsehe oder in einer Liebesbeziehung? Können wir unserem inneren Prozess vertrauensvoll folgen oder flüchten wir vor uns?

Wer sich selbst emotional begleiten kann, hat die Voraussetzung dafür geschaffen, für sich selbst eine Verantwortung zu übernehmen, die dem Wort tatsächlich gerecht wird. Denn in »Verantwortung« steckt das Wort »Antwort«. Wenn wir auf die Kontaktanfrage, die jedes leidbringende Symptom an uns stellt, nicht auf eine *emotional offene* und dadurch heilsame Weise eingehen können, werden wir das gefrorene Meer in uns nicht in der Art berühren können, um es nach vielen Jahren endlich zum Schmelzen zu bringen.

Das geliebte und das ungeliebte Kind

Irgendwann waren wir alle neu in dieser Welt. Wie alle Kinder hatten auch wir das existenzielle Bedürfnis, so angenommen zu werden, wie wir sind. Mit *all* unseren Facetten – den hellen *und* den dunklen. Das ist nicht einfach nur ein Wunsch, sondern eine seelische Notwendigkeit. Jedes Kind braucht die Erfahrung, dass es mit seinem *ganzen* Wesen seinen Platz in der Welt finden kann. Fehlt sie, hat dies weitreichende Folgen. Da unsere Eltern und andere enge Bezugspersonen in unserer Kindheit für uns die Welt repräsentieren, sind die Erfahrungen, die wir in unserer Familie und in unserem engeren sozialen Umfeld zu Beginn unseres Lebens machen, von großer Bedeutung. Wie wir die Welt als Erwachsene sehen und erleben – zum Beispiel ob wir sie als sicher oder unsicher, für oder gegen uns wahrnehmen –, entscheidet sich in den ersten Jahren unseres Lebens.

Um uns im Leben willkommen zu fühlen, brauchen wir Erwachsene, die uns helfen, uns unsere innere Welt zu erschließen und diese vertrauensvoll in die äußere Welt einzuordnen. Erfahren wir, dass unsere Eltern und andere enge Bezugspersonen uns vor allem dann Liebe und positive Aufmerksamkeit schenken, wenn wir bestimmte Persönlichkeitsseiten von uns zeigen und andere nicht, geraten wir emotional stark unter Druck.

Als Kinder sind wir vollkommen abhängig von der Zuwendung unserer Bezugspersonen. Ohne ihre Liebe wären wir existenziell bedroht. Deshalb tun wir alles, um sie zu erhalten. Werden bestimmte Ich-Seiten von uns akzeptiert und andere nicht, geraten wir in Seelennot. Das geschieht auch dann, wenn unsere Eltern uns sehr lieben und aus ihrer Sicht die besten Absichten haben. Denn wohin sollen wir mit den Persönlichkeitsseiten in uns, die von unseren Bezugspersonen nicht gutgeheißen werden? Die Erwachsenen repräsentieren ja für uns die Welt. Aber wie können wir in einer Welt leben, die uns so, wie wir als Ganzes sind, nicht will?

Wenn wir als Kinder spüren, dass unsere Bezugspersonen eine bestimmte Vorstellung davon haben, wie unsere Persönlichkeit sein soll, und damit entsprechende Erwartungen an uns stellen, geschieht in uns etwas Elementares:

Wir verlieren unsere Ganzheit. Wir versuchen, uns von den Persönlichkeitsseiten in uns zu trennen, die von den Erwachsenen als nicht gut oder nicht erstrebenswert angesehen werden. Nur so können wir Zuwendung erhalten und in der Gemeinschaft leben.

Dieser seelische Amputationsversuch ist ein schmerzhafter, mächtiger und leider auch folgenreicher Prozess. Denn er nimmt uns das Urvertrauen, uns so annehmen zu können, wie wir tief in unserem Inneren sind. Am Ende führen dieser Verlust und die Trennung von inneren Seiten unseres Selbst dazu, dass wir keine ausreichende innere Stabilität mehr entwickeln können. Die Folge: Wir fühlen uns innerlich unverbunden und haltlos. Und wir haben Angst. Angst davor, jederzeit aus der Gemeinschaft herausfallen zu können, wenn wir den Erwartungen von außen nicht entsprechen.

Der Verlust unserer Ganzheit hinterlässt in uns eine Wunde, die ich die Urwunde nenne. Sie geht einher mit einem existenziellen Schmerz und einer existenziellen Angst. Um einen Ausweg aus der damit verbundenen inneren emotionalen Spannung zu finden, vollziehen Kinder eine unbewusste Meisterleistung. Sie entwickeln in ihrem Inneren ein geliebtes und ein ungeliebtes Kind. Sie helfen sich, indem sie in Bezug auf sich selbst zutiefst parteiisch werden und danach streben, dem geliebten Kind zu entsprechen. Dieses Verhalten wird für sie zum Dreh- und Angelpunkt. Das Trachten nach einem bestimmten Vorstellungsbild ermöglicht es ihnen, den Schmerz und die Angst, die mit dem Verlust des Urvertrauens einhergehen, überdecken zu können.

Das geliebte Kind umfasst alle Eigenschaften, die wir in unserer Kindheit als erstrebenswert eingestuft haben – zum Beispiel leistungsstark zu sein, sympathisch, hübsch, schlank, zuvorkommend, schlau oder fröhlich. Unsere Erfahrungen mit unseren engen Bezugspersonen – auch denjenigen in Kindergarten und Schule – haben uns davon überzeugt, dass wir nur dann in Ordnung sind, wenn wir dem geliebten Kind in uns entsprechen. Aus den Anforderungen, wie wir sein *sollen*, entwickeln wir, ohne es zu merken, eigene Wunschbilder, wie wir sein *wollen*. Denn das Ziel des geliebten Kindes in uns besteht darin, einen Platz in der Welt zu finden und dadurch Sicherheit zu erlangen, indem es die Vorstellungsbilder und Erwartungen von außen erfüllt.

Das ungeliebte Kind hingegen steht für die Persönlichkeitsseiten in uns, die von den Erwachsenen abgelehnt oder als nicht erstrebenswert angesehen werden – zum Beispiel wenn wir schwach sind, depressiv, übergewichtig, aggressiv oder ängstlich. Das ungeliebte Kind steht damit für alles, was wir nicht sein wollen. Da wir danach streben, das geliebte Kind zu sein, fühlen wir uns vom ungeliebten Kind gestört und manchmal auch bedroht. Aufgrund unserer frühen Erfahrung glauben wir, dass es uns daran hindert, in der Gemeinschaft willkommen zu sein. Deshalb lehnen wir es ab und versuchen, uns so weit wie möglich von ihm zu distanzieren.

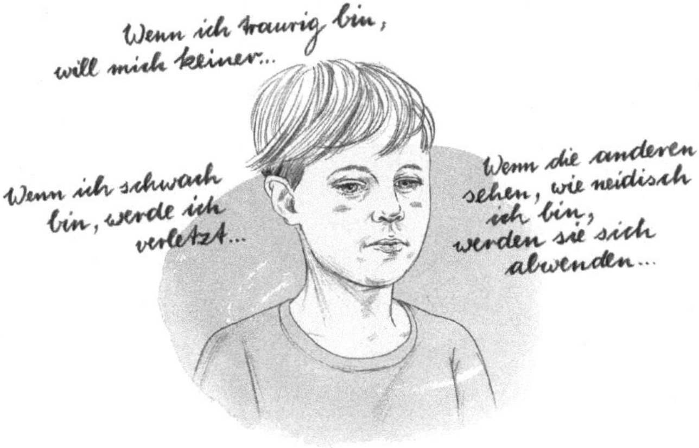

Im Lauf der ersten Lebensjahre bauen wir eine Ich-Identität auf, die sich über das geliebte Kind definiert, während wir das ungeliebte Kind in uns ablehnen. Wir wollen so sein, wie unsere Bezugspersonen uns haben wollen, und verurteilen uns, wenn wir anders sind. Das ist die einzige Chance, die wir haben, um unter Menschen leben zu können, die ebenfalls ihre Ganzheit verloren haben. Wie sich das geliebte und das ungeliebte Kind im Einzelfall entwickeln, hängt von der jeweiligen Person ab. Da der Fokus dieses Buchs auf der Veranschaulichung des Gesamtkonzepts liegt, fällt die Darstellung hierzu allgemeiner aus.

Auch wenn wir während unserer Kindheit keine zusätzlichen emotionalen Verletzungen erleben, blutet unsere Urwunde in uns. Da die Dynamik des geliebten und des ungeliebten Kindes bereits seit Generationen weitergegeben wird, sind wir uns in der Regel dieser tiefen Verwundung jedoch gar nicht bewusst. Normalerweise gehen wir davon aus, dass erst offensichtlichere Verletzungen – wie Vernachlässigung oder Übergriffe – geschehen müssen, damit sich in uns Leid entwickeln kann. Die Erfahrung auf meinem eigenen Heilungsweg und in all den Jahren als Therapeutin ist aber: Die durch den Verlust unserer Ganzheit entstandene Urwunde legt bereits den Grundstein für Leiden. Kommen im Lauf des Lebens weitere Verwundungen oder Traumata hinzu, potenziert sich die Leidensdynamik entsprechend.

Dass das Phänomen der Urwunde in unserer Gesellschaft bisher noch so wenig Beachtung findet, liegt daran, dass wir sie als Erwachsene fast alle in uns tragen. Wir haben sie als normalen Zustand anerkannt. Dadurch fällt es uns schwer, die Wunde bei uns oder anderen zu erkennen. Woran wir dennoch den Verlust unserer Ganzheit wahrnehmen und wie wir spüren können, dass uns etwas sehr Elementares fehlt, ist unsere Verführbarkeit durch Glück versprechende Situationen oder Substanzen. Eine tragende Säule unserer Wirtschaft und damit auch unserer Gesellschaft fußt zum großen Teil auf dieser Verführbarkeit und damit auf unserer Urwunde. Unsere Werbung ist voll davon, wie wir dem geliebten Kind mehr entsprechen und das ungeliebte Kind in uns verbannen können. »Wenn du erst schlank bist, dann ...«, »Du musst nur dieses Auto fahren, dann ...«, »Hast du erst den richtigen Partner, dann ...«. Wir nehmen diese Verführbarkeit als menschlich normal hin, aber das ist sie nicht. Nur wer sich selbst in seiner Ganzheit verloren hat, ist verführbar.

Gerne möchte ich Ihnen das bis hierhin Geschriebene an einem Beispiel verdeutlichen: Björn (fünf Jahre alt) hat ein Problem mit seinem älteren Bruder Paul (sieben Jahre alt). Paul fällt es leicht, die Aufmerksamkeit der Erwachsenen für sich zu gewinnen. Er ist lustig und tut Dinge, die sie mögen. Vor Kurzem hat er auf Opas Geburtstag ein Gedicht vorgetragen und dafür viel Anerkennung erhalten. Für Björn wäre dies unmöglich. Er hat viel zu viel Angst vor solchen Situationen. Ganz schlimm ist es für ihn, wenn Paul im Mittelpunkt steht und seine Mutter dann versucht, auch Björn bei den Erwachsenen ins Gespräch zu bringen. Sie meint es gut, aber er schämt sich in diesen Momenten immer in Grund und Boden. Björn verspürt eine große Wut auf seinen Bruder Paul und weiß nicht, wohin mit ihr. Manchmal lässt er sie an Paul aus und schlägt ihn oder ist ihm gegenüber auf andere Weise ungerecht. Dann schimpft die Mutter mit ihm und fragt ihn regelmäßig nach dem Grund. Björn weiß nie, was er sagen soll. Er versteht es selbst nicht. Er weiß, dass Paul nichts dafür kann, aber er hasst ihn trotzdem.

Was Björn bräuchte, wäre ein Erwachsener, der nicht nur versucht, Björns Wut zu *verstehen*, sondern ihr ein wirkliches Daseinsrecht zuspricht. Nicht in der Form, dass Björn Paul weiter schlägt, sondern indem der Erwachsene Björns Wut würdigend ernst nimmt. Als seine Empfindung gehört sie zu ihm. Deshalb ist es so wichtig, dass man sich ihr respektvoll nähert. Nur so kann Björn lernen, ihr und damit auch sich selbst respektvoll zu begegnen. Er bräuchte einen Rahmen, in dem keine Wertung stattfindet. Einen Rahmen, in dem nicht ergebnisfixiert von vornherein feststeht, dass die Wut am Ende verschwinden muss, sodass Björn schließlich dem geliebten Kind entspricht. Würde ein Erwachsener ihm dies ermöglichen, könnte sich Björn seine Wut auf eine Weise erschließen, die es ihm erlaubt, emotional zu reifen. Das heißt, er könnte seine Wut als wichtigen Informationsträger für sich kennenlernen. Das könnte aber nur ein Erwachsener authentisch tun, der seiner eigenen Wut nicht verurteilend gegenübersteht. Also eine Person, die über die nötige emotionale Reife verfügt, um ihren Persönlichkeitsseiten gleichermaßen offen zu begegnen. Aufgrund unserer eigenen unbewussten Urwunde ist dies für uns als Erwachsene nicht so einfach. Denn auch wir haben in unserer Kindheit ein geliebtes und ein ungeliebtes Kind entwickelt. Da Björns Verhalten zum ungeliebten Kind gehört, wird es seinen Eltern schwerfallen – auch wenn sie ihren Sohn sehr lieben –, seiner Wut offen gegenüberzustehen.

Konnten wir unserem eigenen geliebten und ungeliebten Kind noch nicht heilsam begegnen, werden wir als Erwachsene genau zu wissen glauben, was mit Björns Wut zu geschehen hat. Sie soll sich lösen, damit Björn wieder »normal« sein kann. Björn wird diese Wertung und die unbewusste Manipulation dahinter spüren. Genau dadurch wird seine Wut in den Untergrund gedrängt. Fühlt er, dass die Erwachsenen seine Wut – und damit letztlich auch ihn – nicht im Kern gutheißen, wird ihm nichts anderes übrig bleiben, als diese Seite vor ihnen zu verheimlichen und sich selbst für diese Empfindung zu verurteilen und zu schämen. Doch mit Björn und seiner Wut ist nichts verkehrt; das kann er aufgrund der Haltung der Erwachsenen aber nicht erfahren. Was soll Björn nun mit seiner Wut tun?

Er wird Möglichkeiten finden müssen, wie er mit der in ihm entstandenen Spannung umgehen kann. Vielleicht gibt er sie an Paul oder an andere Kinder weiter. Vielleicht entdeckt er Mechanismen, die ihm helfen, die Spannung für sich erträglicher zu machen – zum Beispiel übermäßiges Essen oder das Flüchten in Computerspiele.

Vielleicht hat er auch Glück und findet für sich Ablenkungs- und Abdämpfungsmöglichkeiten, die in unserer Gesellschaft anerkannter sind – zum Beispiel übertriebener Sport, übermäßiges Lernen oder übermäßiges Lesen. Natürlich sind Sport, Lernen und Lesen etwas Wunderbares. Die Frage ist nur, unter welcher Flagge ein Kind dabei segelt. Steckt Lust oder eine emotionale Notwendigkeit dahinter? Haben wir als Kind innerlich eine Wahl, etwas zu tun, oder müssen wir es tun, um mit unserer emotionalen Spannung umgehen zu können? Für welche Richtung sich Björn bewusst oder unbewusst auch entscheidet, er wird etwas finden müssen, um mit der Wutspannung seines ungeliebten Kindes umgehen zu können.

Die Entwicklung des geliebten und des ungeliebten Kindes geschieht nicht aufgrund *eines* Erlebnisses. Vielmehr ist sie die Folge vieler schmerzhafter und für uns als Kinder verwirrender Momente, in denen wir erfahren, dass wir so, wie wir im Kern sind, den Platz in unserem Umfeld nicht finden können. Als zunächst emotional noch natürlich reagierende Wesen treffen wir zu Beginn unseres Lebens auf Erwachsene, die aufgrund ihrer eigenen Geschichte in der Regel keinen freien Zugang mehr zu ihrem Innenleben haben. Um mit ihnen leben zu können, werden wir uns als Kinder früher oder später beugen und einer emotional verstörenden Welt anpassen müssen.

Zusammenfassung

- » Jedes Kind hat das seelische Grundbedürfnis, mit seinem ganzen Sein angenommen zu werden.
- » Erfährt es dies nicht, verliert es seine Ganzheit. Es entsteht eine Urwunde.

- » Die Folge davon ist der Aufbau eines geliebten und eines ungeliebten Kindes.
- » Das geliebte Kind umfasst alle Eigenschaften, die wir in unserer Kindheit als erstrebenswert eingestuft haben. Wir trachten danach, dieses Kind zu sein, da wir uns dadurch Sicherheit und Anerkennung erhoffen.
- » Das ungeliebte Kind steht für alle Persönlichkeitsseiten in uns, die wir in unserer Kindheit als nicht gewollt erfahren haben. Da wir nach dem geliebten Kind in uns streben, fühlen wir uns vom ungeliebten Kind gestört und manchmal auch bedroht. Deshalb lehnen wir es verurteilend ab.
- » In unserer Gesellschaft trägt fast jeder eine Urwunde in sich. Daher fällt sie uns in der Regel nicht auf. Erkennen können wir sie unter anderem durch unsere Verführbarkeit.
- » Große Teile unserer Gesellschaft und unserer Wirtschaft fußen auf dieser Verführbarkeit und somit auf unserer Urwunde.

In Kontakt mit uns selbst

An dieser Stelle möchte ich nicht unerwähnt lassen, dass es im Leben eines jeden von uns auch Momente gibt, in denen wir einen Zugang zu einer Ebene in uns haben, die sich jenseits unseres geliebten und ungeliebten Kindes befindet. Das ist zum Beispiel der Fall, wenn wir Freude oder Liebe erleben, wenn wir in die Augen kleiner Kinder schauen und dadurch die Magie des Lebens spüren oder ein sternenbehangener Himmel in einer glasklaren Winternacht uns von der Unendlichkeit des Seins erzählt. Durch solche Erfahrungen kann sich die Gelegenheit ergeben, kurzfristig aus unserem biografischen Wirkkreislauf – also dem Zusammenspiel zwischen unserem geliebten und ungeliebten Kind – auszusteigen. Auch der Genuss von Musik oder anderen Formen von Kunst, der Aufenthalt in der Natur oder andere besondere Begegnungen, die wir mit Menschen, Tieren oder anders gearteten Kräften haben, können diese Tür in uns öffnen. Ebenso bergen extreme Situationen das Potenzial, uns aus der Interaktion von geliebtem und ungeliebtem Kind für einen Augenblick herauszuheben. Viele Menschen erleben dies zum Beispiel im Kontakt mit Geburt oder Tod.

Im Alltag jedoch bestimmt hauptsächlich das unbewusste Zusammenspiel unseres geliebten und ungeliebten Kindes unser Leben. Häufig sind selbst Aspekte wie Liebe oder Freude darin verstrickt. Beispielsweise dann, wenn die Verbindung zu unserem Partner mit einer kindlichen Bedürftigkeit einhergeht. In diesem Fall könnte die Beziehung für uns anstrengend werden, denn das geliebte Kind könnte sagen:

Das ungeliebte Kind könnte dahingegen eine andere Meinung vertreten:

Zu erfahren, dass wir mehr sind als unser geliebtes und unser ungeliebtes Kind, kann sehr wohltuend sein. Fühlen wir uns zum Beispiel wiederkehrend einsam, können gezielte Übungen, die uns eine tiefere Verbundenheit mit uns selbst spüren lassen, unterstützend in unserem Alltag wirken. Wir müssen nur Acht geben, dass wir diese Anbindung nicht als Umgehungsstraße nutzen. Denn die Einsamkeit, um beim Beispiel zu bleiben, hat sich durch die Übung ja nicht *ursächlich* gelöst. Wir haben unsere Aufmerksamkeits-Taschenlampe nur auf etwas anderes gerichtet.

Den Kontakt zu unseren inneren Ressourcen können wir also auf zweierlei Art nutzen: zum einen, um Kraft zu schöpfen, damit wir uns der Ursache unserer Schwierigkeit zuwenden können, zum anderen, um uns immer wieder selbst auf Distanz zu halten. Nutzen wir die zweite Form als dauerhafte Umleitung, können wir der Quelle unseres Problems nie begegnen. Die Folge: Wir werden uns in unserem Alltag weiterhin von Symptomen gestört oder gepeinigt fühlen. *Alles,* was wir tun – selbst wunderbare Aktivitäten wie beispielsweise Yoga –, kann von uns entweder als Stärkungsmittel oder als Fluchthilfe genutzt werden.

Emotion oder Gefühl?

Da ich in diesem Buch öfter das Wort »Emotion« verwende, möchte ich kurz erläutern, wie ich diesen Begriff gebrauche, denn eine wissenschaftlich präzise Definition gibt es nicht. Ich nutze ihn als Oberbegriff für alles, was mit dem Fühlen von etwas Unangenehmem zu tun hat, dessen Ursprung in unserer Vergangenheit zu finden ist. Ein Beispiel: Im Arbeitsalltag sind wir immer wieder von einer bestimmten Kollegin genervt. Sie macht uns wütend. Die Art und Weise, wie sie sich verhält, erinnert uns bewusst oder unbewusst an eine Eigenschaft, die wir schon bei unserer Mutter nicht ausstehen konnten. Die Wut, die in der Gegenwart unserer Kollegin in uns aufkommt, hat ihren Ursprung in unserer Biografie. Und zwar in einer noch nicht verarbeiteten Konfliktsituation mit unserer Mutter. In der Psychologie nennt man diese Reaktionsform »Getriggertsein« (abgeleitet vom englischen Wort »Trigger«, das Auslöser bedeutet). Wenn wir auf einen Menschen oder eine Situation mit einem *länger anhaltenden* Unwohlsein reagieren, spreche ich von einer Emotion, da es sich dann um ein Getriggertsein handelt. Freude fällt folglich nicht in diese Kategorie, da wir sie als wohltuend empfinden.

Nun könnte man sich vielleicht fragen: Kann man denn nicht einfach nur etwas fühlen, ohne dass es etwas mit der Vergangenheit zu tun haben muss? Ja, das kann man natürlich. In diesem Fall spreche ich von einem Gefühl – im Unterschied zur Emotion. Ein Gefühl kommt in uns auf und klingt dann recht schnell wieder ab. Auch hierzu ein Beispiel: Wir fahren in einem Auto. Plötzlich nimmt uns jemand die Vorfahrt. Wir regen uns auf und sind wütend auf den anderen Fahrer. Ist es ein Gefühl, regen wir uns schnell wieder ab und beruhigen uns. Ist die Wut aber eine Emotion, fällt es uns schwer, wieder zur Ruhe zu kommen. Wir schimpfen dann noch lange weiter, wie unmöglich und rücksichtslos die anderen Menschen sind. In diesem Fall würde es sich um ein Getriggertsein handeln.

Emotionen und Gefühle können wir entweder durch Körperempfindungen direkt *physisch* wahrnehmen – beispielsweise Angst durch einen schnelleren Herzschlag, einen verkrampften Magen usw. – oder durch eine innere Atmosphäre, die für uns bereits spürbar, aber noch nicht als *physische* Körperempfindung greifbar ist.

ÜBUNG

Gern möchte ich Ihnen, liebe Leserinnen und Leser, eine Übung ans Herz legen, die das eben Beschriebene aufgreift. Sie besteht aus zwei Fragen:

1. Welche Oasen zum Auftanken haben Sie im Alltag für sich entdeckt?
2. Und wie setzen Sie diese Ressourcen ein? Eher in die Richtung »Stärkungsmittel« oder in die Richtung »Umleitung«?

Nehmen Sie sich bitte etwas Zeit, um darüber nachzusinnen. Vielleicht möchten Sie sich dazu Notizen machen, vielleicht dabei spazieren gehen. Tun Sie genau das, was für Sie richtig ist.

Im weiteren Verlauf des Buchs wird deutlich, weshalb die Haltung, mit der wir uns selbst begegnen, von großer Bedeutung ist.

II. Das biografische Schutzprogramm

» Was das biografische Schutzprogramm ist und wie es unser Leben beeinflusst.

» Warum liebevolle psychologische Herangehensweisen manchmal gewaltvoll sind.

» Welche Glaubenssätze sich trotz intensiver Bemühung nicht lösen lassen.

» Wann eine Selbstoptimierung nichts mit Potenzialentfaltung zu tun hat.

» Warum Achtsamkeitsübungen nur begrenzt helfen.

Erst das Gesamtbild zeigt uns, worum es wirklich geht

Jeder Versuch, den wir unternehmen, um dem geliebten Kind in uns zu entsprechen und das ungeliebte Kind zu verbannen, wiederholt unsere »erste« Kindheit. Damit meine ich die emotionalen Verwundungen, die wir als Kind erlebt haben, allen voran unsere Urwunde. Heute sind es nicht mehr unsere Bezugspersonen von damals, die bestimmte Persönlichkeitsseiten von uns gutheißen und andere ausgrenzen. Heute sind wir es selbst.

Das soll kein Vorwurf sein. Niemand begibt sich freiwillig in eine Situation, die ihm Leiden bringt. Solange wir nicht das Zusammenspiel zwischen unserem geliebten und ungeliebten Kind in uns entdecken, bleiben wir auf einer tiefen emotionalen Ebene im Verwundungskreislauf unserer »ersten« Kindheit gefangen, ohne überhaupt davon zu wissen.

Wie subtil und gleichzeitig mächtig dieses Zusammenspiel wirken kann, möchte ich Ihnen am Beispiel meiner Klientin Lisa (Name geändert) aufzeigen. Lisa litt unter Depressionen. Darüber hinaus machte ihr ein emotionales Essproblem leidvoll zu schaffen. Da das Interagieren zwischen dem geliebten und dem ungeliebten Kind vielschichtig ist, wird uns Lisas Fall in diesem Buch an unterschiedlichen Stellen immer wieder begegnen. So können Sie, liebe Leserinnen und Leser, die verschiedenen Ebenen, auf denen diese Dynamik wirkt, Schritt für Schritt nachvollziehen. Beginnen möchte ich mit Lisas Bemühungen, sich ihrer Depression zu nähern.

Über viele Jahre hinweg hatte Lisa durch unterschiedlichste psychologische und spirituelle Bemühungen versucht, ihre Depression zu überwinden. Doch trotz intensiver innerer Arbeit kam das graue Empfinden von Sinnlosigkeit und trauriger Vergeblichkeit immer wieder auf. Die »Depressionskeule«, wie sie es nannte, schlug sie immer wieder zu Boden. Für Lisa stand fest, dass sie sich selbst sabotierte und daran hinderte, frei zu sein. Deshalb investierte sie viel, um den Knoten ihres Selbstboykotts zu lösen. So menschlich und verständlich dies ist, so wenig konnte sie sich auf diese Weise der tiefsten Quelle und damit dem Ursprung ihrer Depression nähern. Denn Lisa war gar nicht bewusst, dass all ihre Bemühungen, sich sich selbst zuzuwenden, in erster Linie der starken Identifikation mit ihrem geliebten Kind entsprangen.

Schauen wir uns ihr Leiden unter dem Aspekt des geliebten und ungeliebten Kindes an, können wir die *eigentliche* und viel umfangreichere Dimension ihres Problems erkennen. Wie bei einem Foto, dessen kleinerer Ausschnitt ein anderes Motiv vermuten lässt, als das Gesamtbild zeigt, war ihre Depression nur *ein* Element in einem größeren Zusammenwirken ihrer inneren Kräfte. Es ging dabei um die grundsätzliche Haltung, mit der Lisa sich selbst begegnete. Bis dahin hatte sie bei der Behandlung ihrer Depression den Fokus immer nur auf diese »Störung« gerichtet.

Ohne jedoch die interaktive Beziehung ihres geliebten und ungeliebten Kindes zu beachten und mit einzubeziehen, war es ihr nicht möglich, sich der eigentlichen Wurzel ihres Problems zu nähern. Den Aufbau und das Zusammenspiel des geliebten und des ungeliebten Kindes nenne ich das »biografische oder emotionale Schutzprogramm« oder auch das »psychologische Überlebensprogramm«. Für eine bessere Lesbarkeit und um Wiederholungen im Text zu vermeiden, verwende ich an manchen Stellen auch andere Wörter, die das Gleiche bedeuten.

Bevor wir uns Lisas Fall intensiver zuwenden, möchte ich mithilfe der folgenden Kapitel die Voraussetzungen dafür schaffen, dass wir von einer anderen Warte aus auf Lisas Leiden schauen können. In Hinblick auf das Anliegen dieses Buchs, einen neuen Blick auf sich selbst zu ermöglichen, könnte das Geschriebene für manche Leserinnen und Leser an der einen oder anderen Stelle ungewohnt oder vielleicht sogar irritierend sein. Deshalb habe ich im zweiten Teil neben den Zusammenfassungen Übersichtsgrafiken eingebaut. Sie sollen Ihnen helfen, einen einfacheren Überblick über das zuvor Erläuterte zu erhalten. Entsprechend dem sich nach und nach aufbauenden Inhalt werde ich diese Übersicht fortlaufend ergänzen und Schritt für Schritt vervollständigen. Um rasch erkennen zu können, welches Element oder welcher Begriff neu hinzugekommen ist, kennzeichne ich diese durch das Wort »NEU«. Bis hierhin haben wir uns Folgendem gewidmet:

Urwunde

Wir werden als Kinder nicht mit all unseren Persönlichkeitsseiten willkommen geheißen. Diese Nichtannahme unseres ganzen Seins ist der tiefste Punkt unserer seelischen Verletzung. Denn wir können dadurch nicht als die, die wir von Natur aus sind, ganz in der Welt ankommen. Es entsteht eine Urwunde.

Existenzielle Angst und tiefer Schmerz

Unsere innerste Wahrheit, nicht die Liebe erhalten zu können, die wir brauchen, lässt in uns Angst sowie einen sehr tiefen Schmerz aufkommen.

NEU:
Aufbau des emotionalen Schutzprogramms

Entwicklung des geliebten und ungeliebten Kindes

Wir finden unbewusst eine rettende Lösung, indem wir ein geliebtes und ein ungeliebtes Kind in uns entwickeln. Wir trachten danach, so zu sein, wie das geliebte Kind es vorgibt, und strengen uns an, das ungeliebte Kind in uns zu verbannen. So können wir unter Menschen leben, die dies aus ihrem eigenen Schutzprogramm heraus ebenfalls tun.

Geliebtes Kind

Versucht, den Anforderungen, die das Umfeld an es stellt, zu erfüllen.

Ungeliebtes Kind

Kann den Anforderungen, die das Umfeld an es stellt, nicht entsprechen.

Der ewige Kampf gegen uns selbst

Die unbewusste Identifikation mit dem geliebten Kind hat eine Selbstoptimierung in Gang gesetzt. Dem geliebten Kind entsprechen zu wollen bedeutet, dass wir zwangsläufig glauben, noch anders werden zu müssen – nämlich besser –, als wir gerade sind. Noch erfolgreicher, noch hübscher, noch schlanker usw. Wir reichen nie. Oder wir müssen, falls es uns gelingen sollte, dem Vorstellungsbild zu entsprechen, viel Disziplin und Kontrolle aufbringen, um diesen Status quo zu halten. In beiden Fällen führen wir einen Kampf gegen uns selbst. Wir strengen uns an, damit unser ungeliebtes Kind nicht die Oberhand gewinnt oder behält. Und wir hoffen darauf, Anerkennung und Liebe zu erfahren, wenn wir dem geliebten Kind entsprechen. Nur dann, so glauben wir, können wir unseren Platz in der Welt finden und uns sicher fühlen. Das wird auf diesem Weg jedoch nie möglich sein, weil Kampf und Frieden nicht gleichzeitig existieren können. Sie schließen sich gegenseitig aus. Bestenfalls könnten wir durch viel Kontrolle eine Waffenruhe erlangen, doch das bedeutet etwas völlig anderes als Frieden. Sie lässt eine tiefere Entspannung nicht zu. Der Kampf ist bei einer Waffenruhe nicht vorbei, sondern nur zeitweilig ausgesetzt.

Die dauerhafte Selbstoptimierung führt dazu, dass wir innerlich nie zur Ruhe kommen können. Nicht weil wir uns auf eine gesunde Weise entwickeln – wie uns viele Optimierungsangebote weiszumachen versuchen –, sondern weil wir uns innerlich auf der Flucht befinden.

Sehr häufig, ohne überhaupt davon zu wissen. Wir meinen dann, durch bestimmte Bemühungen unser inneres Potenzial leben zu können. Aber die Quelle einer gesunden Potenzialentfaltung ist Freude, während die Quelle von Flucht Angst ist. Flüchten wir und ist daher Angst der Ursprung unseres Antriebs, sind wir davon überzeugt, uns in eine bestimmte Richtung entwickeln zu müssen. Wir empfinden Stress, wenn uns das nicht gelingt. Ein übergroßes »Du musst …« peitscht uns dann bewusst oder unbewusst voran. »Du musst noch mehr an dir arbeiten!«, »Du musst schlanker werden!«, »Du musst noch spontaner sein!«, kurzum »Du musst anders sein, als du jetzt bist!«.

Für diejenigen unter Ihnen, die mit der Arbeit mit Glaubenssätzen vertraut sind, möchte ich kurz anmerken, dass es bei dem, was ich hier aufzuzeigen versuche, nicht primär darum geht. Glaubenssätze sind für sich genommen ebenfalls nur *ein* Element, ein kleinerer Ausschnitt des größeren Gesamtbildes. Im Kapitel »Glaubenssätze und ihre Wurzeln« werde ich noch ausführlicher darauf eingehen.

Von der Unmöglichkeit, stehen zu bleiben

Da wir uns zu Beginn unseres Lebens auf unser geliebtes Kind ausgerichtet haben, fußt unsere Ich-Identität – also wer wir glauben innerlich zu sein – unbewusst ebenfalls auf diesen Persönlichkeitsseiten. Aufgrund dieser Ausrichtung teilen wir unsere inneren Facetten in »gute« und »schlechte« ein. Haben wir beispielsweise ein Ich-Empfinden, das uns als kraftvolle Person definiert, fühlen wir uns von unserem wiederkehrenden erschöpften ungeliebten Kind gestört. Kraftvoll zu sein ist gut, erschöpft zu sein ist es nicht. Es ist diese Bewertung, die uns immer wieder aufs Neue unser inneres Gefängnis, in dem wir gegen uns selbst kämpfen, errichten lässt. Das psychologische Überlebensprogramm kann dadurch eines seiner wichtigsten Ziele kontinuierlich erreichen: niemals innerlich anzuhalten. Nur so vermeiden wir den Kontakt zu unserer Urwunde. Und nur so können wir unsere Geliebte-Kind-Identität aufrechterhalten. Es scheint fast perfekt – wären da nicht unsere leidbringenden Symptome. Denn so meisterlich dieses Programm auch funktionieren mag, die unerhörten Schreie in der Tiefe unserer Psyche lösen sich dadurch nicht auf. Jede Spannung – auch unsere emotionale – wird immer danach streben, sich zu entladen. Kann sie dies nicht, entstehen Probleme. Unabhängig davon, ob wir es gutheißen oder nicht, sind auch unsere Spannungen ein Zeichen dafür, dass wir leben. Auch sie repräsentieren unsere Lebendigkeit. Mögen sie sich im Augenblick vielleicht noch wie schwere innere Anker anfühlen, so vermögen sie dennoch unsere Sehnsucht wachzuhalten, uns selbst in der Tiefe zu begegnen und zu bergen. Der Friedensnobelpreisträger Albert Schweitzer hat dies so formuliert: »Ich bin Leben, das leben will, inmitten von Leben, das leben will.« Wie wahr!

Ein wichtiger Teil unseres emotionalen Überlebensprogramms besteht also darin, durch den Selbstoptimierungskampf innerlich nie ganz anhalten zu können. Unsere Aufmerksamkeit wird wie automatisiert immer wieder auf die Bühnen gelenkt, auf denen das Interagieren zwischen unserem geliebten und ungeliebten Kind im Fokus steht. Mal sind wir mit der einen Seite identifiziert – zum Beispiel mit dem geliebten Kind: »Ich muss mich mehr anstrengen!« –, mal mit der anderen – zum Beispiel mit dem ungeliebten Kind: »Es ist mir alles viel zu viel!«. Bei den meisten Menschen ist es das unbewusste Hin- und Herbewegen zwischen diesen beiden Polen, das sie daran hindert, emotional stehen zu bleiben und sich tiefergehend zu erfühlen.

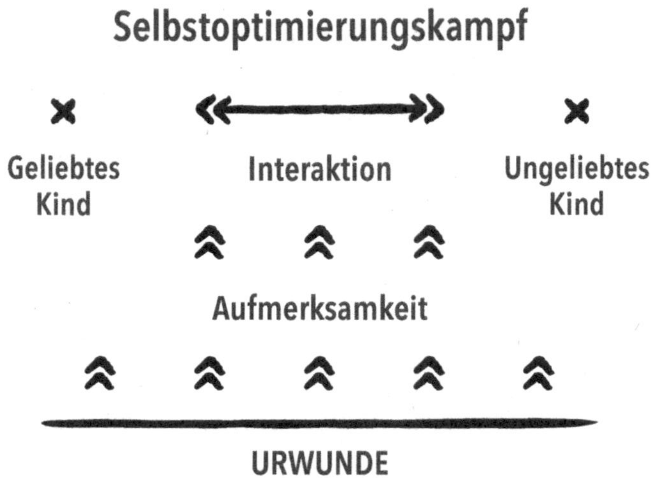

Wie ich noch aufzeigen werde, kommt unseren inneren Kritikern dabei eine entscheidende Rolle zu. Ihre Hartnäckigkeit bei der Verurteilung unserer selbst fußt auf unserem kindlichen Schutzprogramm. Indem unsere Kritiker uns tadelnd geißeln, dienen sie dem Gesamtsystem, das uns nie zur Ruhe kommen lässt. Entweder wir strengen uns an, um ihrer Verurteilung zu entgehen, oder wir versuchen, innerlich vor ihnen zu fliehen – beispielsweise durch Suchtmittel.

Der Eintritt in die Leidensspirale

Beim Aufbau unseres biografischen Rettungsprogramms als Kind hatten wir keine Alternative, der Preis, den wir dafür als Erwachsene zahlen, ist sehr hoch. Denn wir sind dadurch in eine Leidensspirale eingetreten. Manche Menschen fühlen diese leidvollen Zustände täglich – zum Beispiel in Form chronischer Erschöpfung, innerer Unruhe, Schmerzen oder anderer wiederkehrender Symptome. Bei anderen zeigt es sich erst, wenn Krisensituationen aufkommen. So war es auch bei einer Freundin von mir. Viele Jahre wusste sie nichts über ihre emotionale Verwundung. Erst an dem Tag, an dem ihr Mann sie verließ, wurde sie sehr schmerzhaft damit konfrontiert, dass sie, unabhängig von der Trennung, eine sehr tiefe Verletzung in sich trug. Sie selbst sagt, sie hätte *vor* diesem schmerzvollen Ereignis von sich behauptet, ein schönes Leben zu führen. Anzeichen dafür, dass etwas nicht ganz stimmte, gab es allerdings schon vorher. Eines davon war zum Beispiel ihr Drang, sich in Computer-Kartenspielen zu verlieren. Diesem Zwang fühlte sie sich öfter ausgeliefert. Doch durch Kontrollbemühungen konnte sie sich so weit im Griff haben, dass sich nach außen kein Problem zeigte.

Als ihr Mann sie verließ, warf sie dies nicht nur zu Boden, sondern sie fiel in ein tiefes Loch. Dabei ging ihre Verzweiflung sowohl emotional als auch zeitlich weit über das hinaus, was man im Allgemeinen »Trauern um eine Beziehung« nennen könnte. Durch den Verlust ihres äußeren

Halts (ihre Ehe) erlebte sie sehr schmerzhaft, dass sie *innerlich* keinen Halt hatte. Bis zu jenem Zeitpunkt hatte sie noch keine tragfähige Beziehung zu sich selbst aufbauen können. Wie sie heute im Rückblick auf diese Zeit sagt, blutete ihre biografische Wunde, die für ihre Haltlosigkeit ursächlich war, schon viel früher in ihr. Doch durch den »Verband« Ehe, den sie sich viele Jahre zuvor angelegt hatte, gelang es ihr, die Blutung unter Kontrolle zu halten. Wie ich schon erwähnte, kann *alles* – auch etwas Wunderbares wie eine Ehe – unter dem Einfluss unseres Schutzprogramms wie ein Betäubungspflaster wirken. So muss es natürlich nicht sein. Aber bei manchen Menschen sieht so der Alltag aus.

Während ich diese Zeilen schreibe, ahne ich, dass sie auch so gelesen werden könnten, als seien sie mit erhobenem Zeigefinger geschrieben. Eine Begegnung auf dieser Grundlage interessiert mich jedoch nicht. Aus tief empfundener Erfahrung sowohl auf meinem eigenen Weg als auch in der jahrelangen Arbeit mit Menschen weiß ich, dass wir immer sehr gute Gründe für das haben, was wir tun. Mit uns ist nichts verkehrt. Worum es mir geht, ist aufzuzeigen, dass das Leben so viel mehr für uns bereithält als das, was wir innerhalb unseres psychologischen Überlebensprogramms erfahren können. Mensch zu sein ist ein großes Geschenk. Und wir alle haben das Geburtsrecht, es anzunehmen und zu öffnen. Dafür ist jedoch Voraussetzung, dass wir aus dem Schlafwandeln im Rahmen unserer biografischen Rettungsaktivität aufwachen.

Es ist so viel mehr möglich, als wir glauben

Natürlich kann es nicht darum gehen, jemandem, der sagt: »Ich habe keine Verletzung in mir«, zu unterstellen, er habe eine. Wenn ein Mensch sagt: »Ich habe kein Problem!«, wäre es ja anmaßend und absurd zu erwidern: »Doch, du hast eins!«. Worauf ich aber hinweisen möchte: Es gibt viele Menschen, die erst in den Momenten, in denen sie nicht mehr dem geliebten Kind entsprechen *können*, bemerken, welche emotionale Unterströmung in ihnen arbeitet. Dass immer mehr Menschen von Depressionen im Alter betroffen sind, ist ein trauriges Beispiel dafür. Erst wenn sie keine Aufgaben im Außen mehr haben, zum Beispiel regelmäßige Erwerbsarbeit oder Familienangelegenheiten, erfahren viele Menschen, ob in Bezug auf sie selbst tatsächlich alles so ist, wie sie es bis dahin angenommen haben. Aber wir müssen nicht auf unseren Ruhestand warten, um das herausfinden zu können. Heilsamer wäre es, wir würden uns schon vorher uns selbst zuwenden. Denn eine umfassende Aussage über unsere Befindlichkeit allein an äußerlichen Dingen festzumachen – etwa Beruf, Familie, Freundschaften usw. – ist so, als würden wir versuchen, nur auf einem Bein zu stehen. Zusätzlich wäre der Blick auf die pure Beziehung zu uns selbst notwendig. Erst dies ermöglicht uns einen guten Stand auf beiden Beinen in unserem Leben. Und so fasste dies der dänische Philosoph Søren Kierkegaard zusammen: »Wir sind verlorener, als wir zugeben wollen, und erlöster, als wir je zu hoffen wagen.«

Krisen werden im Leben eines jeden von uns aufkommen, das lässt sich nicht vermeiden. Was uns jedoch in unserem Lebensmeer immer Halt finden lässt, ist die Fähigkeit zu schwimmen. Erlernen wir diese, können wir uns mit einer völlig anderen inneren Haltung im Alltagsfluss bewegen. Diese Art des Schwimmens gründet nicht auf Überlebensangst, sondern auf Kontakt. Selbst wenn uns das Leben zuweilen schwer herausfordert, wir uns gebeutelt fühlen und nicht mehr weiterwissen, steht uns immer die tragfähigste Schwimmweste zur Verfügung, die wir als Mensch überhaupt haben können: die Nähe zu uns selbst.

Solange wir uns jedoch im Krieg mit uns selbst befinden, werden wir diese haltgebende Berührung mit uns nicht spüren und daher die menschliche Leidensschleife nicht verlassen können. Dazu braucht es eine Herangehensweise, die weder versucht, am ungeliebten Kind »herumzuschrauben«, damit es wieder passend wird, noch dem geliebten Kind blind folgt oder es verdammt. Entstehen kann dieser Halt durch das, was ich »emotionale Selbstbegleitung« nenne. Damit meine ich eine neue Art, unserem Fühlen und Denken zu begegnen. Um die zentrale Bedeutung dessen in der Tiefe verstehen zu können, brauchen wir ein gutes Fundament. Deshalb bitte ich noch um etwas Geduld, damit wir uns dem weiter annähern können.

Die Rollen, die wir einnehmen

Um erkennen zu können, ob es in den verschiedenen Bereichen unseres Lebens um die Entfaltung unserer Persönlichkeit oder um einen Fluchtimpuls aus unserem emotionalen Überlebensprogramm geht, hilft es, nach der Angst zu fragen. Definieren wir uns zu stark über eine bestimmte eingenommene Rolle – im Beruf, als Mutter, als Partner usw. –, versuchen wir, in dieser dem geliebten Kind in uns zu entsprechen und darüber Halt zu finden. Bei dem Gedanken, diese Rolle nicht mehr zu erfüllen oder erfüllen zu können, überkommt uns verständlicherweise nicht nur Traurigkeit, sondern vor allem Angst und das Empfinden von Sinnlosigkeit. Wir wissen dann nicht mehr, wer wir sind. Mir geht es nicht darum, dass wir uns davor hüten sollten, uns über eine bestimmte Aufgabe zu definieren. Sondern darum, dass auch diese Angst in uns heilen darf. Erst dadurch können wir selbstbestimmt eine Rolle einnehmen und nicht die Rolle uns.

In meiner Radiosendung, die ich knapp zwei Jahre lang bei Radio Bremen moderierte und bei der mich Zuhörer anrufen konnten, meldete sich einmal ein älterer Mann. Er sprach sehr bewegend darüber, wie schmerzvoll es für ihn sei zu erkennen, dass er sein eigenes Leben nie gelebt hatte. All die Jahre hatte er rein äußerlich ein »gutes Leben« geführt, mit all dem, was man im Allgemeinen dafür hält. Aber, so sagte er, es sei nicht *seins* gewesen und darüber wäre er nun, da er sich im letzten Lebensabschnitt befinde, sehr erschüttert und unendlich traurig. Dieser Anruf hat mich tief berührt. Er zeigt, wie lohnenswert es sein kann, die Rollen, die wir einnehmen, genauer anzuschauen.

ÜBUNG

Wenn Sie mögen, können Sie mit dieser Übung herausfinden, welche Rolle in Ihrem Leben von besonderer Bedeutung für Sie ist:

1. Nehmen Sie sich bitte etwas Zeit und halten Sie etwas zum Schreiben bereit.
2. Notieren Sie eine Rolle, die in Ihrem Leben für Sie sehr wichtig ist (zum Beispiel die berufliche Rolle, die Mutter- oder Vaterrolle usw.).
3. Stellen Sie sich nun die Frage: Wie würden Sie sich fühlen, wenn Sie diese Rolle nicht mehr einnehmen könnten?

Falls bei der Vorstellung, diese Rolle nicht mehr ausfüllen zu können, eine größere Angst in Ihnen aufkommt, möchte ich Sie bitten, zum vierten Punkt überzugehen. Verspüren Sie keine Angst, wird diese Rolle nicht von Ihrem geliebten Kind besetzt. In dem Fall ist diese Rolle nicht mit Ihrem emotionalen Überlebensprogramm verstrickt und die Übung endet an dieser Stelle.

4. Stellen Sie sich vor, die Angst wäre eine Person, die Ihnen etwas mitteilen möchte. Welche Assoziationen verbinden Sie mit dieser Person? Ist sie männlich oder weiblich, jung oder alt?

5. Treten Sie nun mit dieser Person in einen inneren Dialog über deren Empfindungen. Wovor genau fürchtet sie sich? Und was erwidern Sie darauf?
6. Notieren Sie sich diesen Dialog.

Wie fühlen Sie sich nach dieser Übung? Sollten Sie eine wohltuende Erfahrung gemacht haben, ist das wunderbar. Fühlen Sie sich unangenehm aufgewühlt, schaffen Sie bitte erst einmal einen inneren Abstand, zum Beispiel indem Sie jetzt einer Tätigkeit Ihres Alltags nachgehen.

Zusammenfassung

» Der Begriff »biografisches oder emotionales Schutzprogramm« oder »psychologisches Überlebensprogramm« beschreibt den Aufbau und das Interagieren des geliebten und des ungeliebten Kindes.

» Durch dieses Programm sind wir in einen Selbstoptimierungskampf eingetreten.

» Dieser Kampf zieht uns sehr stark in seinen Bann. Mal sind wir mit der einen Seite identifiziert (geliebtes Kind), mal mit der anderen (ungeliebtes Kind).

» Ziel des Kampfs ist es, innerlich nie ganz anzuhalten und unsere auf dem geliebten Kind aufgebaute Ich-Identität aufrechtzuerhalten. Auf diese Weise vermeiden wir es, uns auf der tiefsten Ebene zu

erfühlen und darüber in Kontakt mit unserer Urwunde zu kommen.
- Erforderlich ist eine Herangehensweise, die weder versucht, am ungeliebten Kind »herumzuschrauben«, um es wieder passend zu machen, noch dem geliebten Kind blindlings folgt oder es verdammt.
- Alle – auch die an sich wunderbaren Dinge wie eine Ehe – können unter dem Einfluss des Schutzprogramms wie ein unbewusstes Betäubungspflaster wirken, um schwierige Emotionen nicht wahrnehmen zu müssen.

Um sich selbst weinen dürfen

Da unser biografisches Schutzprogramm nicht aus einer rationalen Überlegung heraus entstanden ist, sondern sich in emotional existenzieller Not unbewusst entwickelt hat, können wir es nicht durch eine willentliche Entscheidung verlassen. Dass wir heute erwachsen sind, ändert nichts am Fortbestehen unseres in der Kindheit entstandenen emotionalen Schutzprogramms. Älter zu werden bedeutet leider nicht, dass wir auch *emotional* reifen – wie zahlreiche Verhaltensweisen von uns Erwachsenen tagtäglich belegen. Solange wir uns dem versteckten Wirken unseres psychologischen Überlebensmodus nicht zuwenden, werden uns unsere wiederkehrenden Symptome daran erinnern, dass wir innerlich Verwundete sind. Als Kinder mussten wir uns unserem Umfeld anpassen. Wir hatten keine andere Möglichkeit, als zu vergessen, wer wir in der Tiefe sind. Aber heute als Erwachsene können und dürfen wir heilen. Wir dürfen endlich leben und müssen nicht mehr länger nur überleben!

Jeder vermeintliche Lösungsansatz, der nicht das Bewusstwerden des Selbstoptimierungskampfs umfasst, birgt die Gefahr, dass alles, was wir tun, weiterhin unbeabsichtigt unter der Flagge unseres Schutzprogramms geschieht. Bestenfalls können wir auf diese Weise einen kontrollierenden Umgang mit unserem ungeliebten Kind erreichen. Mit einem erfüllten Leben hat dies aber nicht viel zu tun. Abgesehen davon, dass dies den meisten Menschen auf Dauer ohnehin nicht gelingt, ist ein Umgehen mit dem Störenden in uns etwas völlig anderes als Heilung. Unsere tiefe Sehnsucht nach sinnhafter Lebendigkeit wird es nicht stillen können. Zu leben bedeutet einfach so viel mehr, als nur gut zu funktionieren oder ewig mit sich selbst im Ring zu stehen.

Nach einer Veranstaltung trat eine Frau an mich heran, der es sehr schlecht ging. Ihr Leben, so sagte sie, wäre bisher überwiegend ein Krieg gegen sich selbst gewesen, nur kurz unterbrochen von flüchtigen schönen Phasen. Nachdem wir eine Weile miteinander gesprochen hatten, bat ich sie, sich für einen Moment vorzustellen, was nach ihrem heutigen Stand in hoffentlich ganz ferner Zukunft über sie selbst auf ihrem Grabstein stehen könnte. Nach einer kurzen Pause erwiderte sie: »Sie hat sich um alle gekümmert. Nur nie um sich selbst!« Als sie dies gesagt hatte, begann sie heftig zu weinen. Wie ich finde, sehr zu Recht. Endlich weinte jemand auch mal um sie.

Der vergebliche Versuch

Um aufzuzeigen, wie versteckt und perfekt die Dynamik unseres Schutzprogramms funktioniert, möchte ich Ihnen von meiner früheren Ess- sowie Gewichtsproblematik erzählen. Mich laufend mit meinem Gewicht zu befassen war ein ausgesprochen effektives Mittel, um innerlich nie anhalten zu müssen. Nach außen wirkte meine Selbstoptimierung sehr vernünftig. Ich wurde dafür gelobt, Sport zu treiben und auf meine Ernährung zu achten. Aber der wichtigste Antrieb für all meine Abnehmbemühungen war nicht meine Gesundheit, sondern Angst. Angst, als molliger Mensch nicht »richtig« zu sein. Ich *wollte* nicht nur abnehmen. Ich *musste* abnehmen. Die ständige Beschäftigung mit einer Zahl auf der Waage hielt mich – ganz im Sinne meines emotionalen Überlebensprogramms – innerlich permanent am Laufen. Mit aller Kraft versuchte ich unbewusst, meinem geliebten Kind – »Ich muss schlank sein, sonst bin ich nicht liebenswert!« – zu entsprechen und mein ungeliebtes übergewichtiges Kind – »Es ist mir egal, ob ich unvernünftig bin! Ich will essen!« – zu verbannen. Gelang mir dies durch Phasen mit unkontrollierten Essanfällen nicht, brach eine Verzweiflung in mir aus, die nur schwer in Worte zu fassen ist. Da ich anfangs all dies nicht einzuordnen wusste, fühlte ich mich sehr ausgeliefert. Ich war der festen Überzeugung, es wäre meine Gewichtszunahme, die ich nicht aushalten konnte. Schließlich bezogen sich die verachtenden, abwertenden Sätze meiner inneren Kritiker direkt auf meine Kilos. Rückblickend kann ich mit Bestimmtheit sagen: Mein Gewicht war nie der springende Punkt. Auf einer viel tieferen Ebene ging es um so viel mehr. Im Vorstellungsbild meines geliebten Kindes hatte ich als übergewichtiges Mädchen oder Frau einfach keine Daseinsberechtigung.

Ruhe kam vermeintlich erst wieder in mir auf, wenn ich in ein neues Abnehmprogramm einstieg, also erneut ins Hamsterrad des Selbstoptimierungskampfs. Das Entscheidende dabei war nicht, wie ich so viele Jahre dachte, dass ich tatsächlich abnahm, sondern dass ich *versuchte* abzunehmen oder dass ich *versuchte*, mein Gewicht nach dem Abnehmen zu halten. Nur das ständige Versuchen ermöglichte das Weiterlaufen im Rahmen meines Schutzprogramms. Als mir klar wurde, dass mich dieses »ewige Versuchen« als ein tragendes Element meines inneren Kampfs innerlich niemals irgendwohin führen würde – es erhielt sich ja gerade dadurch selbst aufrecht –, war dies nicht nur eine Erkenntnis, sondern eine tief gefühlte Einsicht. Sie half mir auf meinem Weg sehr weiter. Denn sie ließ mich wach werden für viel feinere unterirdische Strömungen meiner Psyche.

Warum ich nie bei mir selbst ankam

Mein geliebtes Kind hatte bis dahin für mich die Illusion aufrechterhalten: »Wenn du schlank *bist*, ist alles gut!« Oder: »Wenn du schlank *bleibst*, ist alles gut!« Aber auch in Phasen, in denen ich schlank war, kam ich nie wirklich zur Ruhe. In der Regel fühlte ich mich, gemahnt von meinen inneren Kritikern, dennoch weiterhin zu dick oder hatte große Angst, wieder zuzunehmen. Damals dachte ich, Disziplin und Kontrolle wären die Lösung. Bis ich bemerkte, dass mein Streben nach Disziplin (geliebtes Kind) nur die Kehrseite meiner Angst (ungeliebtes Kind) war. Beide Pole gehörten zum selben Programm. Ganz gleich, ob ich dicker oder dünner war, das innere Ringen hörte auf diese Weise einfach nie auf. Ich kam vielleicht bei einer Zahl auf der Waage an, aber nie bei mir selbst.

Was bereits bei einem sehr kurzen Stehenbleiben geschehen kann, zeigt ein eindrucksvolles Experiment, das der Psychologe Timothy Wilson an der University of Virginia durchgeführt und 2014 im angesehenen Fachjournal »Science«[1] veröffentlicht hat. In diesem Experiment sollten Probanden 15 Minuten lang ohne Ablenkung in einem Raum sitzen. Sie waren gewissermaßen »gezwungen« anzuhalten. Kein Fernseher, kein Smartphone, keine Unterhaltung oder Ähnliches konnte ihre Aufmerksamkeit von sich selbst weglenken. Sie saßen in dem Raum allein mit sich selbst. Vor dem Versuch eröffnete man den Frauen und Männern – die übrigens allen Altersstufen von 18 bis 77 Jahren angehörten – die Möglichkeit, sich in diesen 15 Minuten selbstständig einen unangenehmen Elektroschock zu geben. Alle Teilnehmer gaben vor dem Experiment an, sich auf keinen Fall diese Schmerzen zufügen zu wollen. Doch zwei Drittel der Männer und ein Viertel der Frauen drückten auf den Knopf. Und dies schon nach wenigen Minuten. Wie hoch wäre wohl die Zahl der Teilnehmer ausgefallen, die sich selbst einen Elektroschock geben, hätte das Experiment eine oder mehrere Stunden gedauert?

Wenn Sie mögen, liebe Leserinnen und Leser, können Sie einen Teil dieses Experiments für sich selbst ausprobieren. Wie eben beschrieben, haben wir fast alle dieses unbewusste Überlebensprogramm in uns. Die damit verbundene Spannung fällt uns in der Regel gar nicht auf. Was wir jedoch als Folge bemerken können, sind Symptome, die uns plagen, etwa chronische Erschöpfung, ständige Unruhe und andere mehr. Da wir diese im Allgemeinen jedoch nicht mit unserem biografischen Schutzmodus verbinden, kann es sich sehr lohnen, für einen Moment innezuhalten und wahrzunehmen, ob und wie eine Grundspannung in uns vorhanden ist. Hierzu folgt eine kleine Übung.

ÜBUNG

1. Nehmen Sie sich bitte 20 Minuten Zeit, in denen Sie ungestört sind.
2. Setzen Sie sich in einen Raum, der wenig oder am besten keine Ablenkung bietet.
3. Schließen Sie die Augen.
4. Versuchen Sie nun, in Kontakt mit sich selbst zu sein, indem Sie sich einfach nur wahrnehmen.
5. Für diejenigen unter Ihnen, die in einer bestimmten Meditationsform geübt sind, ein Hinweis: Bitte zählen Sie in dieser Übung nicht Ihre Atemzüge und rezitieren Sie kein Mantra. Auch das könnte eine ablenkende Aktivität sein.
6. Beobachten Sie einfach, was in Ihnen geschieht, wenn Sie nur mit sich allein sind.
7. Genießen Sie die Zeit mit sich? Oder werden Sie unruhig, müde, tauchen Schmerzen auf, wird Ihnen langweilig oder tragen Ihre Gedanken Sie weg?
   Es geht nicht darum, etwas machen zu müssen, sondern nur darum zu beobachten, was passiert.

Für die meisten Menschen ist eine solche Verabredung mit sich selbst keine Freude. Entweder sie warten darauf, dass die 20 Minuten endlich um sind, oder sie brechen vorher ab. Aber wie wollen wir ein emotional erfülltes Leben führen, wenn wir uns bestenfalls aushalten, aber nicht genießen können? Wie könnte uns etwas von außen einen echten, emotional nährenden Genuss bringen, wenn eine Emotionsspannung in uns verhindert, dass unser innerer Boden diese wertvollen Samen in der Tiefe aufnehmen kann?

Ein Schlaf, der uns schützen will

Manche Männer und Frauen berichten, dass sie sofort nach Beginn dieser eben beschriebenen Übung müde werden. Diese Form der Müdigkeit, die aufkommt, sobald wir uns uns selbst zuwenden, gehört ebenfalls zum psychologischen Schutzgürtel unserer Vergangenheit. Alles, was uns in Kontakt mit uns selbst und mit unseren emotionalen Verwundungen bringen könnte, soll durch das Abgleiten in den Schlaf abgewehrt werden. Als ich begann, intensiveren Kontakt zu mir zu suchen, war ich von dieser Müdigkeit stark irritiert. Fast jedes Mal, wenn ich mich mir zuwenden wollte, war es so, als würde jemand einen Stecker in mir ziehen. Ich wurde von einer Sekunde auf die andere schlagartig unendlich müde. Die Erklärung dafür war nicht Schlafmangel, vielmehr fühlte es sich an, als würde der Kontakt tatsächlich abgebrochen.

Auch in anderen Bereichen können wir dieses Phänomen beobachten. So berichten manche Menschen davon, dass ihnen dies geschieht, wenn sie sich eine CD mit Übungen anhören oder meditieren möchten. Sobald die Übung oder die Meditation beginnt, werden sie schlagartig sehr müde. Oftmals schlafen sie dann tatsächlich ein. Das ist kein böser Akt, sondern gehört zu unserem Abschirmprogramm. Niemand wird mit dem Drang geboren, sich abzuschalten oder vor sich selbst zu fliehen. Da stellt sich doch die Frage, wodurch dieser Impuls in unser Leben kam. Die Lösung kann nicht darin bestehen, unseren »Abwehrschlaf« zu ignorieren oder zu versuchen, uns noch mehr zu disziplinieren, damit wir im Sinne unseres geliebten Kindes auch in diesen Bereichen Leistung bringen. Dies würde nur einmal mehr Benzin in das Feuer unseres biografischen Durchhaltemodus gießen.

Die Tatsache, dass die Müdigkeit immer wieder in uns aufkommt, zeigt, dass es emotionale Spannungen gibt, vor der unsere Müdigkeit uns zu schützen versucht. Schutzsuchende brauchen aber ganz sicher keine Härte, sondern vor allem eines: liebevollen Kontakt.

Der unbewusste Stresslevel

Durch den Kampf gegen uns selbst sind wir ständig im Stress. Bei manchen Menschen ist er nur latent vorhanden, bei anderen ist der Level hoch. Für die meisten ist diese Form von Stress wie ein permanentes Hintergrundrauschen, das sie dadurch, dass sie es immer hören, nicht mehr wahrnehmen können. Hinzu kommt, dass wir für unser Innenleben nur uns selbst als Referenz kennen. Wir haben keinen Vergleich.

Selbst in unserer Freizeit sorgt der Impuls, innerlich nie anzuhalten, häufig dafür, dass wir uns mit ablenkenden Aktivitäten beschäftigen müssen. Das soll nicht heißen, dass es nicht wichtig und wunderbar sein kann, mit Fernsehen, Lesen oder anderen Unternehmungen »Urlaub von der Alltagswelt« zu machen. Die entscheidende Frage ist jedoch: Handelt es sich dabei tatsächlich um eine »Auszeit vom Alltag« oder tun wir all dies, weil wir mit uns selbst nicht allein sein können? Wenn der Antrieb für unsere Freizeitaktivität die Flucht vor uns selbst ist, geht es genau genommen nicht so sehr um eine Pause vom Alltag, sondern um einen Urlaub von uns selbst. Obwohl jeder Mensch auch ab und an eine solche Flucht braucht, kann sich daraus ein ernsthaftes Problem ergeben, wenn sie zu einem Dauerzustand wird. Denn dann erleben wir beim Fernsehen oder bei anderen Aktivitäten nicht wirklich einen inneren Kurzurlaub, sondern sind Obdachlose. Wir haben dann kein inneres Zuhause, in das wir nach der Auszeit zurückkehren können.

Manchmal können wir diese damit verbundene emotionale Grundspannung daran erkennen, dass wir beim doch eigentlich gemütlichen Fernsehen immer wieder zu Süßigkeiten greifen, obwohl wir das gar nicht wollen. Alles scheint entspannt. Aber das emotionale Essen verdeutlicht, dass es eine Spannung in uns gibt, der wir unbewusst über das Essen zu begegnen versuchen.

Das Argument »Es schmeckt so gut« greift bei genauerer Betrachtung nicht. Reiner Genuss lässt uns immer eine Wahl. Ein Vergleich, den ich in diesem Zusammenhang gern anführe, ist das Genießen eines heißen Bads. Wir fühlen uns nicht gezwungen, in die Badewanne zu steigen. Wir können es tun oder lassen. In dem Moment hingegen, in dem wir spüren, dass unsere Hand wie fremdbestimmt immer wieder in die Chipstüte greift, geht es nicht um Genuss, sondern um eine emotionale Notwendigkeit. Wir brauchen die Chips, um die oft unbewusste Spannung in uns regulieren zu können. Natürlich können wir uns im Sinne unseres geliebten Kindes zusammenreißen und nichts oder Karotten statt Schokolade essen. Aber auch dies löst das ursächliche Problem nicht.

Gern möchte ich Sie wieder zu einer kleinen Praxiseinheit einladen, um das Gelesene durch Erfahrung zugänglicher zu machen. Manchen Menschen fällt es leicht, diese Übung durchzuführen, anderen nicht. Sollte es für Sie problematisch sein, lassen Sie sich bitte nicht entmutigen. Bei Schwierigkeiten mit dieser Übung möchte ich Sie darin bestärken, sich mehrmals an sie heranzutasten. Manchmal braucht es ein bisschen Zeit, um sich auf sich selbst einlassen zu können.

ÜBUNG

Das nächste Mal, wenn Sie gemütlich fernsehen, zu den Naschsachen greifen und sich davon gestört fühlen, versuchen Sie bitte für einen Moment innezuhalten und sich zu fragen:

1. Wo und wie spüren Sie den Drang, essen zu wollen? Fühlt es sich vielleicht an wie ein Sog im Mund? Das Empfinden, ein Loch im Hals zu haben? Eine diffuse Atmosphäre? Oder wo und wie sonst?
2. Wenn Sie den Essdruck etwas genauer beschrieben haben, stellen Sie sich vor, dieses Empfinden (also zum Beispiel den Sog im Mund, das Loch im Hals, die diffuse Atmosphäre usw.) könnte sich in einem Satz ausdrücken. Wie würde dieser lauten?

3. Sie können bei dieser Übung nichts falsch machen. Lassen Sie Ihren Assoziationen einfach freien Lauf. Bei dem Bild vom Sog im Mund könnte zum Beispiel der Satz in Ihnen aufkommen: »Es reicht mir nicht! Ich brauche viel mehr!«
4. Wenn Sie den Satz für sich gefunden haben, stellen Sie sich vor, er würde von einem Kind gesagt werden.
   - Haben Sie ein Bild von diesem Kind?
   - Falls ja, können Sie vielleicht auch wahrnehmen, wie die emotionale Verfassung dieses Kindes aussieht? Ist es vielleicht traurig, wütend, ängstlich oder wie würden Sie es beschreiben? Nehmen Sie einfach wahr, welche Assoziationen Ihnen zu diesem Kind kommen. Es geht nicht darum, dass das, was in Ihnen aufkommt, die Wahrheit sein muss, sondern dass es die Möglichkeit birgt, Kontakt zu dem Kind aufzunehmen.
5. Der letzte Schritt dieser Übung besteht darin, ein Symbol zu wählen, das dieses Kind repräsentieren könnte, zum Beispiel ein Kissen oder eine Decke. Platzieren Sie es in einem Abstand zu sich, der sich für Sie stimmig anfühlt. Das kann sehr nah sein (mit Körperkontakt) oder weiter weg.

Für manche Menschen fühlt sich ein großer Abstand richtig an und für andere die Nähe. Lassen Sie dieses Kind (also das Symbol, das es repräsentiert) erst einmal nur mit Ihnen zusammen im Raum sein. Es geht weder darum, etwas mit ihm *machen* zu müssen, noch darum, nicht weiteressen zu dürfen. Der Sinn dieser Übung besteht darin, das innere Kind, das zum Essdruck und damit zu Ihrer Spannung gehört, etwas präsenter werden zu lassen. So als würden Sie es dadurch, dass Sie einen Satz, ein Bild, einen emotionalen Eindruck und ein Symbol für es haben, einladen, mehr da zu sein. Selbst wenn das Symbol weit weg von Ihnen liegt – weil Sie es vielleicht nicht ertragen können oder es ablehnen –, geht es erst einmal nur darum, eine stimmige authentische Erstkontaktaufnahme zu ermöglichen. Es gibt kein »Herumschrauben« an diesem Kind, kein Rettenmüssen, sondern einfach nur ein Mit-ihm-Sein. Falls sich daraus etwas entwickeln will (zum Beispiel ein Dialog), ist das natürlich fein. Aber in dieser Übung steht in erster Linie das Sein mit diesem bisher ungeliebten Kind im Vordergrund.

Zusammenfassung

» Jeder Lösungsansatz, der nicht das Bewusstmachen des Selbstoptimierungskampfs umfasst, birgt die Gefahr, unbewusst weiterhin im Auftrag des emotionalen Überlebensprogramms zu stehen.

» Unser Schutzprogramm erhält sich unter anderem dadurch aufrecht, dass wir uns in dem ständigen Versuch befinden, der Vorgabe des geliebten Kindes zu entsprechen.

» Es gibt eine Form von Müdigkeit, die zu unserem Schutzprogramm gehört: der Abwehrschlaf. Er schützt uns davor, in Kontakt mit unseren emotionalen Verwundungen zu kommen.
» Durch das Kämpfen gegen uns selbst befinden wir uns beständig im Stress. Manchmal nur latent und manchmal stark. Den meisten Menschen ist dieser Stresslevel nicht bewusst.

Den inneren Schweinehund gibt es nicht

Dem geliebten Kind entsprechen zu wollen und gegen das ungeliebte Kind in uns anzugehen ist stark in unserer gesellschaftlichen DNA verwurzelt. Daher bemerken wir entweder gar nicht, dass wir uns im ständigen Kampf gegen uns selbst befinden, oder empfinden dies als einen natürlichen Zustand. Es erscheint uns normal, weil sich fast alle in unserer Gesellschaft bewusst oder unbewusst so verhalten. Aber normal ist etwas anderes als natürlich. *Wie* stark wir von dieser Normalität beeinflusst sind und wie loyal wir uns dabei unserem geliebten Kind gegenüber verhalten, zeigen Begriffe, die wir tagtäglich verwenden, beispielsweise der des »inneren Schweinehundes«. Alles, was nicht in die Vorgabe des geliebten Kindes passt, wird als etwas Negatives deklariert, gegen das wir angehen müssen. Aber haben wir uns jemals die Mühe gemacht, unsere Vorurteile uns selbst gegenüber beiseitezuschieben und diesen angeblichen Schweinehund in uns genauer zu erkunden? Und was sagt das Verwenden solcher Begriffe eigentlich über das Menschenbild aus, das wir innerlich vertreten?

Wie ich in einer früheren Veröffentlichung schon einmal ausführte, habe ich in all den Jahren, in denen ich mit Menschen arbeite, noch nie einen Schweinehund entdecken können. Was ich stattdessen fand – und zwar ohne Ausnahme –, waren verwundete Persönlichkeitsseiten.

Unter dem Einfluss unseres geliebten Kindes fällt uns kaum auf, wie stark der Blick auf uns selbst von ihm geprägt ist. Die Aufmerksamkeit wird dadurch sehr schnell auf die Symptome unseres ungeliebten Kindes gerichtet, beispielsweise bei einem Essproblem auf das Gewicht. Aber wir dürfen uns nicht davon »hypnotisieren« lassen und so unseren Kampf gegen uns selbst rechtfertigen. Denn dieser Kampf hatte bereits begonnen, bevor die Symptome auftraten.

Um dies zu verdeutlichen, möchte ich die Dynamik veranschaulichen, die sich hinter der Verwendung des Begriffes »innerer Schweinehund« verbirgt. Manches davon ist Ihnen aus dem vorangegangenen Text bereits bekannt, anderes kommt ergänzend hinzu.

Die unaushaltbaren Erfahrungen unserer Kindheit, nicht in unserer emotionalen Ganzheit angenommen worden zu sein, hat die Angst in uns entstehen lassen, im Kern nicht richtig zu sein. Um diese Urwunde nicht spüren zu müssen, gehen wir in einen Kampf gegen uns selbst.

Dies erreichen wir, indem wir unserem geliebten Kind die Vormachtstellung einräumen. Die Hoffnung ist, dass wir doch noch »richtig« werden und unseren Platz in der Welt finden können, wenn wir den Eigenschaften des geliebten Kindes ganz entsprechen.

Das ungeliebte Kind kann die Vorgaben des geliebten Kindes nicht erfüllen. Deshalb muss das geliebte Kind das ungeliebte Kind als Feind sehen, den es zu bekämpfen und zu kontrollieren gilt (sogenannter innerer Schweinehund). Die Sicherheit, die das geliebte Kind zu erreichen versucht, wird durch das ungeliebte Kind gefährdet.

Das Konzept des inneren Schweinehundes befeuert die emotionale Grunddynamik unserer Kindheit: das Weglaufen vor unserer Urwunde durch den Kampf gegen uns selbst. Die Urwunde ist jedoch *in* uns. Und vor uns selbst können wir nicht fliehen. Deshalb gilt: Durch den Glauben an einen Schweinehund halten wir den Krieg gegen uns selbst immer weiter am Laufen. Die Leidensschleife kann so nie enden.

Wir haben kein Monster oder Teufelchen in uns, sondern emotionale Wunden, die unsere Aufmerksamkeit fordern. Lassen wir nicht zu, dass uns eingeredet wird, mit uns würde etwas nicht stimmen und wir könnten nur wieder in Ordnung kommen, wenn wir unseren Schweinehund besiegen, indem wir unserem geliebten Kind folgen, zum Beispiel durch Disziplin. Dem ist nicht so. Was wir tun, hat einen Sinn. Auch wenn wir ihn mit dem Blick durch die Brille des geliebten Kindes nicht leicht erkennen können.

Die amerikanische Schriftstellerin Helen Keller sagte einmal: »Liebe mich dann am meisten, wenn ich es am wenigsten verdiene, denn dann brauche ich es am nötigsten.« Ich glaube, auf uns selbst übertragen brauchen wir diese Liebe nötiger denn je.

Der Stachel im Fleisch

Da wir versuchen, unserem geliebten Kind zu entsprechen, fühlen wir uns verständlicherweise von unserem ungeliebten Kind gestört. Wir glauben, dass die mit ihm verbundenen Persönlichkeitsseiten uns daran hindern, unser Leben zu leben. Dabei sind sie die Informationsträger aus der Vergangenheit, die uns am offensichtlichsten mit unserer inneren Selbstverbannung konfrontieren. Mit Selbstverbannung meine ich die in unserer Kindheit notwendige Abwehr unserer ungeliebten Ich-Seiten. Immer wieder klopfen sie an unsere Bewusstseinstür in der Hoffnung, endlich Einlass zu finden. Normalerweise reagiert darauf jedoch das geliebte Kind in uns, sodass wir uns nur noch mehr verbarrikadieren. Wir tun so vieles, um uns vor diesen unerwünschten Seiten in uns so gut wie möglich zu verschließen. Unter anderem wenden wir mentale Techniken an – bei innerer Unruhe zum Beispiel Autogenes Training –, um uns ihrer zu entledigen. Statt die Unruhe –

und damit ja uns selbst – näher kennenzulernen und über sie wichtige Informationen über uns zu erlangen, legen wir mithilfe der Affirmation »Ich bin ganz ruhig« einfach eine Decke über unsere Unruhe, sodass wir sie nicht mehr wahrnehmen können. Vorhanden ist diese Hochspannung in der Tiefe aber immer noch, wie mir die Arbeit mit Menschen, die in mentalen Techniken sehr geübt sind, immer wieder zeigt. Wir haben es dann nur »geschafft«, dem geliebten Kind in uns wieder mehr zu entsprechen und das ungeliebte Kind auf Distanz zu bringen. Auf diese Weise können wir gemäß unserem kindlichen Schutzmuster wieder »gut« funktionieren – scheinbar.

Unsere unerwünschten Persönlichkeitsseiten werden jedoch nicht in unserem »Bewusstseinskeller« bleiben. Früher oder später werden sie als dasselbe oder ein anderes Symptom erneut anklopfen. Eine Klientin von mir hatte beispielsweise vor Beginn unserer Therapie mithilfe eines mentalen Programms »erfolgreich« ihre Flugangst »in den Griff bekommen« und fühlte sich damit sehr wohl. Erst als sie begann, eine große Angst vor Bakterien zu entwickeln, wurde deutlich, dass hier etwas nicht stimmte. Das Symptom hatte sich verlagert. Auch bei der Raucherentwöhnung lässt sich dieses Phänomen manchmal beobachten. So hören wir zwar mit dem Rauchen auf, nehmen aber infolgedessen teilweise stark an Gewicht zu. Physiologisch erklärbar würde die Gewichtszunahme nur sehr geringfügig ausfallen. Es ist die Symptomverschiebung, die mehr Kilos auf unsere Hüften bringt. Dies geschieht nicht, weil unser ungeliebtes Kind böse ist, sondern weil das, was wir aus der Blickrichtung des geliebten Kindes als »Stachel im Fleisch« spüren, uns immer wieder einlädt und auffordert, aus unserem biografischen Überlebensmodus aufzuwachen. Würden wir uns nicht von unserem ungeliebten Kind gestört fühlen oder wiederkehrende leidvolle Symptome oder Erfahrungen erleben, dann würden viele Menschen gar nicht mitbekommen, dass sie nach sich selbst rufen.

Aus meiner eigenen Leidensgeschichte heraus weiß ich sehr gut, wie schnell ein Hinweis zu einer Respektlosigkeit werden kann. Deshalb möchte ich erneut betonen: Niemand leidet freiwillig. Sie haben mein tiefes Mitgefühl, wenn Sie sich von wiederkehrenden Symptomen oder Erfahrungen gepeinigt fühlen und diese loswerden möchten. Deswegen zu leiden ist schlimm, daran ist nicht zu rütteln. Was es braucht, ist ein Weg, der uns zeigt, wie wir zu unserer Verwundung zurückkehren können und uns gleichzeitig tief in uns geschützt fühlen.

Zwei Kinder in Not

Häufig wird in psychologischen Schulen die Auffassung vertreten, dass der Schlüssel zur Besserung unserer Symptomatik allein darin läge, mit dem ungeliebten Kind zu arbeiten oder uns über Verhaltensänderungen von ihm zu distanzieren. In beiden Fällen folgen wir dem Credo: Das ungeliebte Kind ist das Problem beziehungsweise der *Problemträger*. Wenn wir mit ihm und an ihm arbeiten, könnten wir etwas bewegen. Aber dies ist nur aus Sicht des geliebten Kindes so. Der Ansatz, von dem ich in diesem Buch spreche, verfolgt nicht das Ziel, aus dem ungeliebten ein geliebtes Kind zu machen. Denn sowohl das ungeliebte als auch das geliebte Kind ist in Not. *Beide* sind aus unserer Urwunde heraus entstanden. *Beide* tragen die Zeugenschaft unserer Verwundung in sich und damit auch ihre Schmerzen. Das geliebte Kind ist in Not, weil es sich darüber definiert, Erwartungen zu erfüllen – das heißt, es hat ständig Druck, einer Vorstellung gerecht werden zu müssen. Die Not des ungeliebten Kindes besteht darin, dass es wegen der Vorherrschaft des geliebten Kindes nie seinen Platz in uns und damit in der Welt finden kann. Solange nicht *beide* Pole in unser Gewahrsein rücken, kann sich im Zentrum unseres Leidens nichts ändern.

Auch im spirituellen Bereich werden uns Praktiken empfohlen – beispielsweise Meditation –, um aus der menschlichen Leidensspirale auszusteigen, ohne dass dabei unsere emotionalen Verstrickungen einbezogen werden. Aber was nützen uns diese an sich so wertvollen Weisheiten, wenn der Boden, auf dem sie in unserem Inneren fallen, von unserem unbewussten emotionalen Überlebensprogramm durchtränkt ist? Widmen wir uns nicht gleichzeitig unseren inneren Verflechtungen, besteht die Gefahr, dass wir an diese im Kern so ehrbaren und wertvollen Ansätze aus dem geliebten Kind heraus herangehen. Doch dann folgen wir bewusst oder unbewusst dem Ziel, einen noch größeren Abstand zu unserem ungeliebten Kind zu schaffen. Genau dadurch bleiben wir aber im psychologischen Schutzmodus und daher im Krieg mit uns selbst verhaftet.

Mir scheint, dass seit langer Zeit ein großes Missverständnis besteht. Nicht unser Ego verursacht das Leiden – auch nicht das Anhaften an ihm –, sondern unser *verwundetes* Ego. Jemand, der verletzt ist und daraufhin um sich beißt, braucht eine heilsame Hinwendung zu seinen Wunden, keine gleichmütige Distanzierung. Natürlich können wir uns jahrzehntelang darin trainieren, einen Abstand zu unseren Emotionen zu schaffen, und uns so darum bemühen, unser Ego zu transformieren oder zu überwinden. Aus meiner Sicht ist dies aber ein großer Gewaltakt gegen uns selbst. Denn wir wiederholen damit unseren biografischen Verwundungskreislauf, dass wir damit, wer wir *emotional* sind, keinen Anklang finden können. Ich glaube, dass ein tatsächlicher Heilungsweg uns nicht innerlich zu amputieren versucht. Liebe grenzt nie aus, sondern wendet sich hin. Wenn unser verletztes Ego wirklich heilen darf, erhalten wir ein Geschenk, das immens ist. Denn erst ein heilendes Ego – und damit die Rückkehr zu unserer emotionalen Ganzheit – lässt uns Ebenen des menschlichen Seins erleben, die dem reichen und breiten Spektrum der Möglichkeiten gerecht werden. Den Leserinnen und Lesern unter Ihnen, die sich aufgerufen fühlen, einen spirituellen Weg zu gehen, möchte ich sagen: Formen von Spiritualität, in denen neben der geistigen Schulung unsere Emotionen eine zentrale Rolle spielen, eröffnen uns eine viel breitere Erfahrungswelt als Formen, bei denen das Ego nicht ausreichend gewürdigt wird.

Bitte verstehen Sie mich nicht falsch. Ich möchte uralte Weisheitslehren keinesfalls verunglimpfen. Das wäre ja größenwahnsinnig und absurd. Ich ehre und verneige mich vor der ihnen innewohnenden Tiefe, dem Wissen und der Weisheit dieser Lehren. Dennoch kann ich nur wiederholen: Bei denjenigen von uns, die biografische Verletzungen in sich tragen, begünstigen diese Ansätze unsere ohnehin durch das Schutzprogramm entstandene innere Entwurzelung. Darüber hinaus bedient jede Lehre, die mit »Du musst …!«, »Du darfst nicht …!« oder »Du solltest …!« arbeitet, das geliebte Kind in uns. Denn damit wird unser Schutzprogramm – und damit auch unser Verwundungskreislauf – beständig neu angestoßen. Solange uns ein Weg nicht die Freiheit zugesteht, uns selbst *offen* zu erforschen, sondern eine bestimmte Weise nahelegt, wie wir zu sein haben, bleibt die Möglichkeit zu einer Heilung, die *alle* inneren Ebenen menschlichen Seins umfasst, verwehrt.

Pioniere sind gefragt

Um diesen Weg zu beschreiten, braucht es Pioniere. Bisher bewegen wir uns in unserer Gesellschaft noch hauptsächlich im Fahrwasser des geliebten Kindes. So versuchen wir, uns bei inneren Problemen auf strikte oder auch sanftere Weise wieder in den Griff zu bekommen, was im Allgemeinen als alternativlos gilt. Aber alternativlos ist es nur deshalb, weil unserem geliebten Kind – also dem Bestreben, Sicherheit durch Kontrolle zu erlangen – nur das ungeliebte Kind – Kontrollverlust und Chaos – gegenüberzustehen scheint. So *muss* es jedoch nicht sein. Unausweichlich ist dies nur innerhalb unserer biografischen Kampfdynamik.

Es ist schon verrückt, dass Menschen in der Regel dann als »gesund« gelten, wenn sie sich gut kontrollieren können. Leider verfolgen aus diesem Grund viele psychologische Ansätze – und leider auch viele Therapierichtungen – das Ziel, uns möglichst schnell an einen Punkt zu bringen, an dem wir unserem geliebten Kind wieder entsprechen. Denjenigen unter uns, denen das nicht gelingt oder die Probleme damit haben, gelten hingegen oft als »schwierig«, als »undiszipliniert« oder sogar auch als »gestört«. Wenn wir aber unsere »natürliche Sehschärfe« wiedergewinnen – also auf uns schauen, ohne dass die Sicht von unserem biografischen Überlebensprogramm getrübt ist –, sehen wir nicht nur uns selbst mit gänzlich anderen Augen, sondern auch diese Welt. Wir erkennen dann die »Verrücktheit des Normalen«.

Wie ich zu Beginn dieses Buchs schrieb, geht es mir um Weiterentwicklung und gemeinsames Forschen. Seit Langem suche ich deshalb nach Ansätzen mit ähnlicher Ausrichtung. Doch dort, wo ich Gemeinsamkeiten gefunden zu haben glaubte, war dem bei intensiverer Beschäftigung leider nicht so. Im Detail mündeten die mir bisher bekannten psychologischen Herangehensweisen letztlich doch darin, das biografische Schutzprogramm weiterhin zu bedienen. Manchmal offensichtlich, indem das geliebte Kind in der Behandlungsweise direkt angesprochen wird, manchmal subtiler.

Ich bin mir sicher, dass es einzelne Menschen gibt, die auf ihrem inneren Weg ebenfalls aus ihrem Schutzprogramm aussteigen konnten. Diejenigen unter Ihnen, die in helfenden oder therapeutischen Berufen tätig sind, werden ihre Erkenntnisse dabei bestimmt auch für ihre Arbeit nutzen können. In den mir bekannten großen psychologischen Schulen und den vielen kleinen, denen ich mich in den vergangenen Jahren gewidmet habe, konnte ich jedoch bisher keinen solchen Ansatz finden. Die verwendeten Begrifflichkeiten sind dabei nicht entscheidend. Das Wichtige ist, ob die Urwunde und damit unser innerer Kampf als zentrales Element gesehen werden *und* wie wir uns begegnen. Für mein Empfinden macht erst die Annäherung an unser psychologisches Überlebensprogramm den ausschlaggebenden Unterschied. Die Art und Weise, *wie* wir mit unseren Symptomen umgehen, entscheidet darüber, ob wir uns weiterhin *innerhalb* des Schutzprogramms bewegen oder aus ihm heraustreten.

Ich bin mir sehr bewusst, dass wir auf den Schultern von Riesen der Psychologie stehen. Und ich kann nur wiederholen, dass ich fest daran glaube, dass wir, die sich sehr intensiv mit Psychologie beschäftigen – vor allem auch diejenigen, die dies beruflich tun –, eingeladen und aufgefordert sind, von unseren Erfahrungen zu berichten. Nur so können wir gemeinsam weitergehen. Letztlich dient ein einzelner Ansatz immer nur der Weiterentwicklung des Ganzen. Es braucht Pioniere. Deshalb mein Aufruf: Machen wir uns auf den Weg!

Hier nun, liebe Leserinnen und Leser, die nächste Übersicht über das, was wir uns bisher angeschaut haben:

Urwunde

Wir werden als Kinder von unserem engen Umfeld nicht mit all unseren Persönlichkeitsseiten willkommen geheißen. Dadurch entsteht eine tiefe emotionale Verletzung: die Urwunde.

Existenzielle Angst und tiefer Schmerz

Unsere innerste Wahrheit, nicht die Liebe erhalten zu können, die wir lebensnotwendig brauchen, lässt eine existenzielle und unaushaltbare Angst in uns aufkommen sowie einen sehr tiefen Schmerz.

Aufbau des emotionalen Schutzprogramms

Entwicklung des geliebten und des ungeliebten Kindes

Wir finden unbewusst eine rettende Lösung, indem wir ein geliebtes und ein ungeliebtes Kind in uns entwickeln.

Geliebtes Kind	NEU:	Ungeliebtes Kind
NEU: Kann den Anforderungen, die das Umfeld an es stellt, zwar erfüllen, ist jedoch stark unter Druck, da es den Erwartungen immer entsprechen *muss*.	**BEIDE KINDER SIND IN NOT.**	**NEU**: Trägt viel Spannung in sich. Kann seinen Platz in uns und dadurch in der Welt nicht finden.

NEU: Aufbau der Ich-Identität

Wir identifizieren uns über das Vorstellungsbild des geliebten Kindes und bauen unbewusst unsere Ich-Identität darauf auf.

NEU: Der Selbstoptimierungskampf

Wir steigen in einen Kampf gegen uns selbst ein und damit in den Leidenskreislauf. Ein Ziel in diesem Prozess ist, innerlich nie anzuhalten, um nicht in Kontakt mit unserer Urwunde zu kommen. Dies erreichen wir, indem wir danach streben, dem geliebten Kind zu entsprechen und das ungeliebte Kind zu verbannen. Nur der ständige Versuch, die Vorgabe des geliebten Kindes zu erfüllen, ermöglicht uns das Weiterlaufen innerhalb des emotionalen Schutzprogramms. Da sich fast alle Menschen im Kampf mit sich selbst befinden, fällt uns und anderen dies in der Regel nicht auf.

Von der Bedeutung, unsere Motivation infrage zu stellen

Lassen Sie uns vor dem eben beschriebenen Hintergrund noch einmal auf Lisas Leiden schauen. Erinnern Sie sich noch? Zu Beginn des zweiten Teils dieses Buchs hatte ich Ihnen meine Klientin Lisa kurz vorgestellt. Sie litt unter einer Depression. Jahrelang hatte sie vieles auf dem psychologischen und spirituellen Sektor unternommen, um diese zu überwinden. Als ich Lisa kennenlernte, wurde schnell deutlich, dass ihre Depression nicht ihr Hauptproblem, sondern »nur« *ein* Element ihres emotionalen Überlebensprogramms war. Lisas Selbstbild wurde – ohne dass es ihr bewusst war – stark von ihrem geliebten Kind geprägt. Dazu zählten unter anderem die Vorgaben leistungsstark zu sein, gesellig, spontan, kraftvoll, zuvorkommend und liebevoll. In dieses Bild passte ihr ungeliebtes depressives

Kind mit seiner Angst, seiner Traurigkeit und seinem Empfinden von Überforderung nicht hinein.

Da wir in der Regel nur das hinterfragen, was wir ablehnen – zum Beispiel unsere Widerstände –, unsere positiven Motivationsgründe jedoch nicht, fiel Lisa gar nicht auf, dass die Art, wie sie sich selbst begegnete, der Haltung ihres geliebten inneren Kindes entsprang. Aus dieser Perspektive heraus fühlte sie sich von ihrem ungeliebten Kind – der Traurigkeit, der Angst und der Vergeblichkeit – massiv gestört und an einem freieren Leben gehindert. Lisa *musste* aus dieser inneren Haltung heraus gegen die Persönlichkeitsseiten ihres ungeliebten Kindes ankämpfen.

Die Härte, mit der sich Lisa aus der unbewussten Identifikation mit ihrem geliebten Kind heraus selbst begegnete, war für sie auch deshalb so schwierig zu erkennen, weil sich ihre Hinwendung äußerlich betrachtet auf liebevolle Art zeigte. Die Meditationsseminare, die sie besuchte, ihre intensive Innere-Kind-Arbeit mit den vielen liebevollen Dialogen sowie die zahlreichen bewusstmachenden Analysen ihrer Glaubenssätze muteten seelenvoll an. Sie dienten letztlich aber nur *einer* Absicht: Ihr ungeliebtes Kind sollte endlich gehen. Und genau deshalb konnte es nicht funktionieren.

Das innere Medaillendrehen

Obwohl Lisa auch Lösungsansätzen nachging, bei denen intensive Emotionsarbeit gemacht wurde, blieb ihre innere Haltung und damit ihr Vorurteil sich selbst gegenüber – »Ohne die Depression könnte ich endlich mein Leben leben!« – davon unberührt. Der Grund dafür war, dass ihre Motivation, sich selbst zuzuwenden, hierbei nicht hinterfragt wurde. All die Jahre galt ihre gesamte Aufmerksamkeit der Arbeit an ihrem *ungeliebten* Kind. Ihr *geliebtes* Kind ebenfalls zu erkunden kam ihr nicht in den Sinn. Wie auch, denn für Lisa stand felsenfest: Ihr geliebtes Kind ist »richtig«. So wollte sie sein. Das war ihr Ziel. Ihrer Meinung nach hinderte sie das ungeliebte Kind daran, ihr volles inneres Potenzial zu entfalten. Deshalb fühlte sie sich in ihren depressiven Phasen wie fremdbestimmt. Das depressive Kind in ihr entsprach nicht ihrer Vorstellung von

Leben – wohlgemerkt einer Vorstellung, die von ihrem geliebten Kind vorgegeben wurde.

Einige von Ihnen werden vielleicht anmerken: »Ja, aber ich kann mich doch nicht damit anfreunden, depressiv zu bleiben.« Darum kann es selbstverständlich nicht gehen. Dies würde ja bedeuten, dass wir weiterhin im emotionalen Schutzprogramm verhaftet bleiben. Und nur loyal zu der anderen, nämlich der depressiven Seite sind. Mir geht es vielmehr darum, unser inneres Radar so aufzustellen, dass wir das Gesamtbild wahrnehmen können. Denn die Depression zeigt uns lediglich einen kleinen Ausschnitt dessen, worum es tatsächlich geht.

Als ehemals Depressive weiß ich sehr gut, wie grausam es sich anfühlen kann, in einem Ozean von Antrieblosigkeit und dunkler trauriger Schwere verloren zu gehen. Deshalb weiß ich auch, dass eine Depression uns an den Rand des Erträglichen bringen kann. Ich möchte Ihnen keinesfalls vermitteln, dass doch eigentlich alles ganz einfach ist. Das ist es nicht. Sollten Sie sich von einem wiederkehrenden leidbringenden Symptom – einer Depression oder etwas anderem – gepeinigt fühlen, kann jede Aufforderung im Sinne eines »Man muss doch nur …« sehr schnell zu einer Ohrfeige werden. Ein Nichtbefolgen führt dann leicht zu dem Fazit: »Du bist halt selbst schuld!« Und genau daraus ergibt es sich, dass wir immer weiter in der Umlaufbahn unseres Schutzprogramms kreisen. Eine Seite in uns (das geliebte Kind) sagt: »Du musst doch nur …!

Streng dich an!«, die andere Seite (das ungeliebte Kind): »Ich kann aber nicht!«.

Auch Lisa erging es so. Ihr geliebtes Kind war damit beschäftigt, das depressive Kind zu transformieren – dieses machte aber nicht mit. Es folgte seinen ganz eigenen Regeln und entzog sich Lisas zahlreichen Versuchen immer wieder. Es ist, als wollten wir von der einen Seite einer Medaille aus auf die andere schauen. Aber das ist unmöglich. Ganz gleich, wie sehr wir uns auch anstrengen. Wenn Lisa es versuchte, dann drehte sich die Medaillenseite, die sie zu verändern hoffte, automatisch von ihr weg. Erst von einer übergeordneten Ebene aus – also mit einer anderen inneren Haltung – konnte sie aus dem »Medaillendrehen« aussteigen und sich ihren *beiden* Seiten widmen.

Natürlich gab es Bereiche, die sich in Lisas Leben durch ihre psychologische Arbeit zum Positiven verändert hatten – beispielsweise wurde ihre Angst kleiner, sich anderen Menschen zu nähern. Das war wertvoll, wohltuend und gut für sie. Ihrer Depression fühlte sie sich dennoch weiterhin hilflos ausgeliefert. Das lag daran, dass die Wunde *dieses* ungeliebten Kindes in ihr viel tiefer ging – nämlich in Richtung Urwunde. An dieses depressive Kind konnte sie mit der Haltung des geliebten Kindes nicht herankommen. Meiner Erfahrung nach ist dies bei stark leidbringenden chronischen Symptomen in der Regel der Fall. Wie es dazu kommt, dass wir uns manchen emotionalen Verletzungen »leichter« annähern können als anderen, das werden wir uns im dritten Teil dieses Buchs noch genauer anschauen.

ÜBUNG

Gibt es ein Symptom bei Ihnen, liebe Leserinnen und Leser, das sich trotz intensiver psychologischer Bemühungen nicht wesentlich verändert?
Falls ja, möchte ich Ihnen gern diese folgenden vier Fragen dazu stellen:

1. Welche *emotionale* Wirkung hat dieses Symptom auf Sie?
2. Welchen *emotionalen* Gewinn hätten Sie, wenn dieses Symptom nicht mehr vorhanden wäre?
3. Welche Eigenschaften hätte eine innere Welt, in der Sie symptomfrei leben würden (zum Beispiel: mehr Leichtigkeit)?
4. Gibt es in dieser Welt eine Daseinsberechtigung für ihr Symptom (ungeliebtes Kind)? Falls nicht, kann das ungeliebte Kind niemals darin leben. Diese Welt gibt es ja nur *ohne es*. Aber wie soll Heilung geschehen können, wenn das, was geheilt werden soll, gar nicht da sein darf?

Die Tarnung, die sich Liebe nennt

Als Lisa nach und nach die Gesamtdynamik ihres biografischen Schutzprogramms spürend erkannte, wurde ihr deutlich, dass die Quelle ihrer bisherigen Hinwendung bei genauerer Betrachtung nicht, wie sie lange angenommen hatte, Liebe war. Ihr ungeliebtes Kind sollte nur deshalb gesund werden – also irgendwann nicht mehr depressiv sein –, damit es nicht mehr störte. Mit einem ehrlichen Mitgefühl für dieses innere Kind hatte das leider nicht viel zu tun.

Das lässt sich am Beispiel eines realen Kindes sehr gut veranschaulichen: Bei einer tatsächlichen *Entwicklung* kann man nicht schon von vornherein wissen, in welche Richtung sie sich entfalten wird – ansonsten müsste man wohl eher von Dressur sprechen. Steht bereits vorher fest, wie dieser Junge oder dieses Mädchen zukünftig sein soll, übergehen und manipulieren wir es. Sicher geschieht dies in der Regel nicht mit böser Absicht. Aber es geht uns dann nicht wirklich um das Kind, sondern eher darum, dass es sich der Vorstellung, die wir von ihm haben, anpasst.

Unser ungeliebtes Kind wird gegen dieses Einflussnehmenwollen rebellieren müssen. Sein Protest ist jedoch keine Selbstsabotage, sondern *emotional* gesund. Selbst wenn die Ausdrucksformen, über die es seinen Widerstand zeigt, körperlich ungesunde Auswirkungen haben können – beispielsweise eine Sucht. Diese Seiten in uns wehren sich dagegen, so zu werden, wie uns vor vielen Jahren unsere Erziehungs- oder Bezugspersonen haben wollten. Oder anders ausgedrückt: Dieses Kind in uns versucht auch heute noch, auf einer *emotionalen* Ebene seine Autonomie zu wahren, indem es sich weigert, die Erwartungen von außen zu erfüllen.

Auch wenn wir in der Gegenwart als Erwachsene unseren verletzten Kindern mehr Wohlwollen entgegenbringen, als unsere biografischen Bezugspersonen uns als Kind, bleibt der Kern leider derselbe – jetzt nur verpackt in einem »schöneren Kleid«. Aus dem geliebten Kind heraus sagen wir weiterhin zu den Persönlichkeitsseiten in uns, die nicht in unser vorgegebenes Bild passen: »Seid anders! So, wie ihr seid, geht es nicht!« Genau dadurch wiederholen wir den Verwundungskreislauf unserer Kindheit. Ohne es zu wollen, tun wir uns selbst emotional genau das an, was man uns zu Beginn unseres Lebens angetan hat.

Mein Herz schlägt sehr für diese nicht gewollten Kinder in uns. Wie ich in den vielen Jahren als Therapeutin allzu oft erfahren durfte, haben uns diese ungeliebten Persönlichkeitsseiten so vieles zu geben, sofern wir sie nicht mehr dem Diktat des geliebten Kindes zu unterstellen versuchen. Bleiben sie jedoch in dieser Dynamik verhaftet, gehen nicht nur unserem eigenen Leben, sondern auch der Welt wertvolle Schätze verloren. Ich weiß, wie verrückt diese Sätze klingen mögen, wenn wir unter einem Symptom leiden. Aber ich bin sicher, wenn wir weiter fortfahren, wird deutlicher, was ich mit diesen Zeilen meine.

Abschließen möchte ich dieses Kapitel mit einem Zitat von Pablo Picasso, dessen berührende Zeilen für sich sprechen. Er formuliert den Unterschied zwischen Suchen und Finden, beschreibt das Wagnis, sich auf den Weg zu machen, ohne zu wissen, wohin der Weg führt. Und endet mit den Worten: »Dieses Offensein für jede neue Erkenntnis im Außen und Innen: Das ist das Wesenhafte des modernen Menschen, der in aller Angst des Loslassens doch die Gnade des Gehaltenseins im Offenwerden neuer Möglichkeiten erfährt.«

Wie wir unsere Zukunft unbewusst gestalten

Viele Wissenschaftler gehen heutzutage davon aus, dass unser Ich-Empfinden kein starres Gebilde ist, sondern ein Ineinanderfließen unterschiedlicher Ich-Seiten. Wir können beispielsweise in einem Moment mit einer Persönlichkeitsseite von uns identifiziert sein, die unbedingt viel Schokolade essen möchte, und wenige Minuten später mit einer Seite, die sich furchtbar fühlt, weil sie sie gegessen hat. Beides sind wir. Dieser innere Seitenwechsel ist für uns Menschen völlig natürlich und gesund.

Wir alle haben Facetten in uns, die sich in ihrer Absicht zum Teil ausschließen. Dies wäre an sich noch kein Problem. Die Schwierigkeit entsteht erst dann, wenn wir entweder den Wechsel nicht mitbekommen oder uns durch die Vormachtstellung unseres geliebten Kindes für eine Seite in uns verurteilen. Geschieht dies, können wir uns nicht verstehen und fühlen uns in uns selbst fremd. Das kann sehr wehtun.

Manchmal passieren diese Seitenwechsel – wie beim Schokoladeessen – innerhalb eines kleinen Zeitfensters, manchmal vollziehen sie sich innerhalb eines größeren Zeitraums. Auch in Bezug auf Lisas Depression gab es diese Wechsel. Sobald ihr depressives Kind nach einer gewissen Zeit wieder mehr in den Hintergrund trat, konnte ihr geliebtes Kind erneut das Steuer aktiv übernehmen. Das Problem dabei war: Sobald Lisa sich wieder etwas lebendiger und kraftvoller fühlte, lebte sie ihr Leben mit derselben Haltung weiter wie vor ihrem Depressionsschub. Nämlich mit der Absicht ihres geliebten Kindes, ein bestimmtes Bild von sich verwirklichen zu müssen. Dementsprechend führte sie, sobald ihre Depression wieder etwas in den Hintergrund gerückt war, ihre psychologischen und spirituellen Bemühungen mit eben dieser Haltung weiter fort. Genau in diesem Moment war der zukünftige Depressionsschub bereits vorprogrammiert. Es war dann nur eine Frage der Zeit, bis innerhalb der Hin- und Herbewegung ihres emotionalen Überlebensprogramms ihr ungeliebtes Kind eingreifen und sie wieder depressiv werden würde.

Zusammenfassung

- Menschen gelten in unserer Gesellschaft dann als »gesund«, wenn sie sich gemäß ihrem geliebten Kind gut kontrollieren können.
- Auch spirituelle Praktiken können von unserem emotionalen Überlebensprogramm vereinnahmt werden, um unser geliebtes Kind zu bedienen und unser ungeliebtes Kind zu verbannen.
- Nicht unser Ego verursacht das Leiden, sondern unser verwundetes Ego. Es braucht nicht überwunden zu werden, sondern die Möglichkeit, heilen zu können.
- Die Hinwendung zu uns selbst entspringt oftmals nicht der Liebe – auch wenn es sich um scheinbar liebevolle Herangehensweisen handelt –, sondern ist der Versuch einer Dressur. Unser ungeliebtes Kind wird dagegen rebellieren müssen. Es handelt sich dabei nicht um einen Selbstboykott, sondern um eine emotional gesunde Reaktion.
- Den inneren Schweinehund gibt es nicht. Er ist nur ein Aspekt der Kampfdynamik unseres biografischen Schutzprogramms. Die Verwendung solcher Begriffe zeigt unsere Loyalität zu unserem geliebten Kind.
- In der Regel hinterfragen wir nur das, was wir ablehnen – zum Beispiel unsere Widerstände –, unsere positiven Motivationsgründe jedoch nicht. Dadurch

fällt uns nicht auf, dass unsere Absicht häufig der Haltung unseres geliebten inneren Kindes entspringt.

Die versteckten Perlen

Als Lisa und ich begannen, mit beiden Polen – ihrem ungeliebten *und* ihrem geliebten Kind – intensiv zu arbeiten, gewann sie einen anderen Zugang zu sich selbst. Sie entwickelte nach und nach ein Mitgefühl für sich, dass sie in dieser Form noch nicht kannte. Früher hatte sie – allerdings aus ihrem geliebten Kind heraus – spezielle Übungen durchgeführt, um ihr Mitgefühl zu vergrößern. Als sie aber lernte, sich selbst emotional anders zu begegnen, erlebte sie, dass es davon eine sehr viel profundere Variante gibt. Mitgefühl, das nicht durch Übungen hervorgebracht werden konnte, sondern das sich ganz natürlich in ihr entwickelte, während sie sich selbst kennenlernte.

Dieses Mitgefühl entstand beispielsweise durch das Erkunden einer sehr wütenden, nur auf sich selbst bezogenen Ich-Seite in ihr. Statt nur durch die Augen des geliebten Kindes auf diese Ich-Seiten zu schauen und sie zu verurteilen, lernte Lisa, sich ihnen offen zu nähern. Dabei entdeckte sie Seelenlandschaften in sich, die ihr durch das Kreisen in ihrem inneren Abschirmprogramm bis dahin verborgen geblieben waren. Zum Beispiel stieß sie auf eine Kraft, die für sich selbst einstehen konnte. Durch die biografische Verwundung zeigte sich dieses ungeliebte Kind jedoch zuerst in einem für Lisa schwierigen, weil stark egomanischen Gewand. Aber als Lisa die Verwundung in sich weiter erkundete, konnte sie sie zu ihrem Ursprung begleiten. Als Kind durfte Lisa nie etwas für sich selbst einfordern. Sie wurde von ihrer Mutter »christlich« dazu erzogen, rücksichtsvoll zu sein und mit anderen zu teilen. Ich setze das Wort »christlich« absichtlich in Anführungszeichen, da mir scheint, dass die Auslegung der christlichen Lehre vonseiten der Mutter sehr verquer verwendet wurde. Lisas geliebtes Kind war davon überzeugt, dass es nur dann richtig war, wenn es anderen mit Mitgefühl begegnete und gern mit ihnen teilte. Die Persönlichkeitsanteile, die dem entgegenstanden – also ihr ungeliebtes Kind –, betrachtete Lisa als »egoistisch« und damit als schlecht. Für ihr geliebtes Kind, das Schutz und Sicherheit oberste Priorität einräumte, war es absolut notwendig, dass das »egoistische« ungeliebte Kind im Zusammensein mit Menschen nicht das Steuer übernahm. Denn auf sich selbst bezogen zu sein und danach zu handeln, barg die Gefahr, ausgestoßen zu werden. Lisas Ich-Empfinden war durch die Ausrichtung auf ihr geliebtes Kind so aufgebaut, dass sie ihr ungeliebtes egoistisches Kind nicht als zu sich zugehörig empfand. So wollte sie auf keinen Fall sein. Sie lehnte es deshalb sehr ab.

Da Prozesse, die wir in den Untergrund verbannen, dennoch ihre Wirkkraft behalten, suchte sich auch Lisa unbewusst eine Ersatzbühne, um ihre »egoistische« und fordernde Persönlichkeitsseite ein Stück weit ausleben zu können. Bei ihr war es das emotionale Essen. Jeder Mensch sucht sich innerhalb seines Schutzprogramms Bühnen, um seine ungeliebten Ich-Seiten ersatzweise leben zu können. Wenn Lisa beim Essen allein war, konnte sie sich endlich nehmen, was *sie* wollte. Im Alltag unter Menschen entsprach sie dem geliebten Kind. Aber beim Essen war es ihr möglich »Ich will und ich nehme mir!« zu sagen und danach zu handeln. Sie musste auf niemanden mehr Rücksicht nehmen.

Natürlich war diese Unkontrolliertheit für Lisa lange Zeit ein rotes Tuch und keinesfalls erlaubt. Es gefährdete jedoch aus Sicht des geliebten Kindes Lisas Platz unter den Menschen weit weniger, als wenn sie ihre fordernde Seite dort ausgelebt hätte. Die Ersatzbühne »Essen« war – auch wenn sie Lisa ebenfalls Leid brachte – in den Augen ihres geliebten Kindes für das Zusammensein mit Menschen bei Weitem nicht so bedrohlich wie die Gefahr, als »egoistisch« angesehen zu werden.

Von ihrem Umfeld wurde Lisa als Kind und Teenager stark dafür gelobt, wie »gutherzig« sie zu anderen war. Sie übernahm Aufgaben, die in diese Richtung gingen, und man vertraute ihr. Das war keineswegs unehrlich. Es war aber nur *eine* Seite der Medaille. Die andere Seite war ein ungeliebtes Kind, das fordernd, gierig, wütend und neidisch war und am liebsten auf alles, was in Richtung Teilen mit anderen ging, schreiend mit »Das ist meins!« reagieren wollte. Dieses Kind musste Lisa schon sehr früh voller Scham in sich verbannen. Wegen der Abhängigkeit zur Mutter und zum engen Umfeld gab es für Lisa keine Alternative. Man kann aber nur das mit jemandem ehrlich teilen, was man vorab sein Eigen nennen durfte. Wenn es nicht erlaubt ist, zu etwas »Meins!« zu sagen, gibt es nichts, was man mit jemandem teilen *könnte*. Um etwas geben zu können, muss man es zuerst einmal besitzen dürfen.

Als ihr bis dahin stark auf sich bezogenes und forderndes Kind endlich zeigen durfte, was sich hinter seiner Ich-Bezogenheit versteckte – unter anderem eine sehr starke Rebellionswut gegen die Mutter und gegen die damit einhergehenden »christlichen« Werte –, fühlte Lisa tief mit ihm. Dieses Kind hatte sich sehr oft von der Mutter verraten gefühlt, wenn es um seine Wünsche und Bedürfnisse ging. Es hätte viel Beistand für *seine* innere Wahrheit gebraucht – unabhängig von dem, was für die Mutter als »christlich« vertretbar galt. Es bekam jedoch zu wenig. So wurde das Kind verbittert und stark auf sich bezogen – und damit völlig anders als Lisas Geliebte-Kind-Definition von sich selbst. Diese egoistische Seite musste Lisa schon sehr früh in sich tief vergraben, ihr Schutzprogramm machte das möglich. Zu Beginn unserer Arbeit wusste sie nicht, dass diese Kindseite in ihr überhaupt existierte. Unter seinen Wirkkräften litt sie aber schon die ganze Zeit, beispielsweise beim emotionalen Essen. Diese Seite in ihr war nicht böse oder schlecht. Die große Wut dieses Kindes war absolut berechtigt. Es pochte auf sein

Recht »Ich!« sagen zu dürfen. Denn viel zu früh war es in seiner Kindheit dazu dressiert worden, »Wir« sagen zu müssen.

Vor vielen Jahren habe ich dazu eine berührende Geschichte gelesen, die ich in einer früheren Veröffentlichung in einem anderen Zusammenhang schon einmal erwähnt habe. Da ich sie jedoch für das, was ich hier erklären möchte, sehr geeignet finde, möchte ich sie Ihnen, liebe Leserinnen und Leser, nicht vorenthalten. Leider erinnere ich mich nicht, von wem diese Geschichte stammt. Das ist sehr schade, ich kann den Urheber, so gern ich es auch täte, leider nicht nennen. Er beschrieb darin folgende autobiografische Szene: Sein kleiner Sohn hatte Geburtstag. Aus diesem Grund wurden viele Kinder samt Eltern eingeladen, zu Besuch zu kommen. Als der Mann von der Arbeit nachhause kam, sagte seine Frau, dass es ein Problem mit ihrem Sohn gebe. Er hätte zwar viele Geschenke erhalten, wolle diese aber nicht mit den anderen Jungen und Mädchen teilen. Der Vater ging zu seinem Sohn und sah, wie dieser die geschenkten Spielsachen festhielt und nicht hergeben wollte. Als der Vater ihm sagte, dass er das, was er bekommen hatte, mit den anderen Kindern teilen müsse, weigerte sich der Junge energisch. Er sagte, dass dies seine Geschenke seien und er deshalb doch selbst entscheiden dürfe, ob er sie teilen wolle oder nicht. Der Vater wurde wütend und ermahnte den Jungen, die Geschenke augenblicklich an die anderen abzugeben. Und dann beschrieb der Erzähler, wie sich die vitale Kraft seines Sohnes, die sich eben noch so heftig in seinem Widerstand offenbart hatte, in kraftlose Resignation wandelte. Da nun aber nach außen hin alles in Ordnung war, ging der Vater zu den Eltern der anderen Kinder, die alles mit angesehen hatten, und sie verbrachten zusammen einen schönen Abend. Als der Vater nachts im Bett lag, erinnerte er sich noch einmal an die Szene mit seinem Sohn. In der Rückschau wurde ihm klar, dass er sein Kind geopfert hatte. In dem Moment, als er seinen Sohn ermahnt hatte, den anderen Kindern seine Spielsachen zu geben, hatte er nicht an seinen Sohn gedacht, sondern nur an sich selbst. Für ihn zählte in dem Augenblick allein die Meinung der anderen Eltern. Diese sollten nicht denken, dass sein Kind egoistisch sei. Mit einem Mal wurde ihm klar, dass sein Sohn in der betreffenden Situation die Erfahrung einer Selbstbestimmung gesucht hatte. Dafür brauchte er das Erlebnis, Nein zum Teilen sagen zu dürfen. Seinem Kind die Loyalität versagt zu haben machte den Vater im Nachhinein sehr betroffen. Und so beschloss er, ihn am nächsten Tag um Entschuldigung zu bitten.

Diese Geschichte fiel mir wieder ein, als ich mit Lisa arbeitete. Erst als sie sich durch den Ausstieg aus ihrem Schutzprogramm die tieferen Landschaften in sich selbst erschloss und dabei auch das »egoistische« und sehr wütende ungeliebte Kind Schritt für Schritt kennenlernte, erwuchs aus ihm eine Kraft, die auf gesunde Weise fordern konnte. Dadurch entdeckte Lisa eine neue Form der Selbstbestimmtheit, die in Lisas Alltag auf unterstützende Weise einzog. Lisa wurde kein Egoist, sondern ganz im Gegenteil eine Person, die ohne den Druck durch die Anforderung »Du musst Mitgefühl haben« oder »Du musst teilen« sehr viel tiefer mitfühlen konnte, als sie bis dahin angenommen hatte. Denn dieses Mitgefühl schloss auch Lisa selbst ein. In dem Maß, in dem Lisa ein authentisches tiefes Mitgefühl für sich selbst entwickelte, konnte es sich automatisch auch auf andere ausbreiten.

Auch in ihrer Depression verbargen sich Qualitäten, die anfangs nicht zu vermuten gewesen waren. Und wie bei der egoistischen Kindseite zeigte sich auch diese anfangs in für Lisa verurteilenswerten Zügen. Eine bestimmte Qualität entdeckte sie zum Beispiel in ihrer bis dahin verhassten Empfindung von Überforderung. Abseits der Kampfdynamik zwischen ihrem geliebten Kind (»Streng dich an!«) und ihrem ungeliebten Kind (»Es ist mir alles viel zu viel!«) tauchte Lisa in einen Bereich ein, der eine feine, nährende Zartheit offenbarte. Diese »unschuldige« Zartheit berührte sie sehr. Sie beschrieb es damals so, als würde sich ihr Herz nach einer Unendlichkeit erstmals wieder öffnen. Sie hatte gar nicht bemerkt, dass es verschlossen gewesen war, denn sie hatte zuvor nur diesen Zustand gekannt. Was sie wahrnehmen konnte, war ihr tiefer Hunger nach Leben und die Unmöglichkeit, diesen Seelenhunger zu stillen. Erst durch die Annäherung an ihre Urwunde gelangte Lisa in einen Bereich, in dem sich ihr diese »Purheit« wieder zeigen konnte.

Sie war all die Jahre durch Lisas psychologisches Schutzprogramm sehr gut geschützt worden. Wie eine Perle, die in einer nach außen verschlossenen Muschel von niemandem entdeckt und somit auch nicht beschädigt werden kann.

Der libanesisch-amerikanische Philosoph und Dichter Khalil Gibran hat eine Geschichte mit dem Titel »Die Perle« geschrieben, die hierzu passt, als hätte er sie für uns geschrieben.

Die Perle

Eine Auster sagte zu einer zweiten Auster neben ihr: »Ich trage einen großen Schmerz in mir. Er ist schwer und rund, und ich bin in Not.« Und die andere Auster antwortete selbstgefällig und übertrieben: »Dem Himmel und dem Meer sei Dank, ich trage keinen Schmerz in mir. Ich bin wohlauf und unversehrt, von innen wie von außen.« Im selben Moment kam eine Krabbe vorbei, hörte die beiden Austern und sagte zu der, die von innen wie von außen wohlauf und unversehrt war: »Ja, du bist wohlauf und unversehrt. Aber der Schmerz, den deine Nachbarin erduldet, ist eine Perle von berauschender Schönheit.«[2]

Authentische innere Demokratie

Der innere Haltungswechsel, der sich auf Lisas Weg langsam vollzog, ging einher mit etwas, was ich »authentische innere Demokratie« nenne. Darunter verstehe ich, dass keine Seite in uns ein größeres Daseinsrecht hat als eine andere. Das sagt sich sehr leicht, aber es braucht viel emotionale Selbstbegleitung, um diese Haltung *ehrlich* in sich zu entwickeln. Wir können sie uns nicht rational vornehmen. Denn schnell können diese Wörter nur eine weitere schöne Überschrift im Konzept des geliebten Kindes sein.

Ist dies der Fall, fragen wir uns immer wieder, was wir denn jetzt machen müssen, um endlich frei sein zu können. Fällt uns nicht auf, dass unsere Frage auf Druck und Spannung beruht, bleiben wir in dem alten System verhaftet. Denn letztlich versuchen wir dann nur weiterhin, das ungeliebte Kind in uns loszuwerden.

Da ich aus der Begleitung von Menschen weiß, dass etwas Gesagtes oder Geschriebenes für manche Personen schnell greifbar ist, für andere jedoch nicht, bitte ich um Nachsicht, wenn ich ein weiteres Mal betone: Innerhalb unseres Schutzprogramms kann es aufgrund der Fixierung, dem geliebten Kind entsprechen zu wollen, nicht anders sein, als dass wir Symptome beseitigen wollen. Aus dem geliebten Kind heraus *müssen* wir ständig nach einer Lösung suchen. Haben wir diese nicht sofort parat, geraten wir unter Stress. Wir können es dann nur schwer aushalten, dass der Optimierungskreislauf zu stoppen droht. Denn ist dies der Fall, kommen wir in Kontakt mit Emotionen, die in Richtung Urwunde weisen könnten – beispielsweise der großen Angst, grundsätzlich *nie* aus dem Leidenskreislauf aussteigen zu können. Statt diese Angst wahrzunehmen und uns ihr behutsam zu nähern, gehen wir gemäß dem Überlebensprogramm in den Lösungsaktionismus.

Dieser Ansatz dient also in erster Linie dazu, unserer Angst auszuweichen. Wir strengen uns dann sehr an, bewegen uns aber genau genommen nie vom Fleck. Denn jede Lösung, die wir auf diese Weise suchen, bedient weiterhin unser Schutzprogramm des »Machenmüssens« und damit des Kämpfens. Es ist so, als suchten wir auf einer oberen Bewusstseinsetage nach einer Lösung, während wir auf einem Stockwerk darunter darauf ausgerichtet sind, nie anzukommen.

Selbstverständlich kann es Situationen geben, in denen es notwendig ist, nach einer Lösung zu suchen. In Bezug auf unser Innenleben stellt sich aber die Frage, *warum* wir dies tun. Um überhaupt eine *wirkliche* Lösung finden zu können und nicht nur ein »Angstbetäubungspflaster« aufzukleben, müssten wir erst einmal wahrnehmen, was der Antrieb für unsere Suche ist. Das ist nicht leicht. Denn das geliebte Kind in uns wird uns immer wieder weismachen wollen: »Wenn du dies oder jenes *jetzt* tust, dann ist es richtig; dann bist du in Sicherheit!« Es ist innerhalb des biografischen Überlebensprogramms sein Job, dies zu tun. Dieses Kind muss immer die Kontrolle suchen, um Sicherheit schaffen zu können. Lassen Sie uns dabei nicht vergessen: Das lösungsfixierte geliebte Kind ist genauso in Not wie das ungeliebte Kind – nur unter anderen Vorzeichen.

Erst indem wir lernen, uns mithilfe der Haltung einer »authentischen inneren Demokratie« innerlich zu begleiten, eröffnet sich uns ein Weg, der außerhalb dieses Schutzprogramms liegt. Wie zuvor erwähnt, werde ich in diesem Buch zu dieser speziellen Art der Selbstbegleitung noch einiges sagen. Indem wir lernen, *jeder* Seite in uns auf eine bestimmte Weise zu begegnen, kann sie uns langsam aus unserem biografischen Überlebensprogramm heraus und damit zu unserer emotionalen Ganzheit zurückführen. Es ist ein Weg, der *jede* Seite in uns in ihrem authentischen Ausdruck unterstützt und uns dadurch *emotional* erwachen lässt.

Dient der Weg dem Ziel oder das Ziel dem Weg?

Man könnte nun vielleicht annehmen, es wäre nicht gut, sich ein Ziel zu setzen. Dem ist natürlich nicht so. Es könnte nur sehr dienlich sein zu schauen, »wer« in uns das Ziel bestimmt. Darüber hinaus spielt es natürlich eine Rolle, um welche Art von Ziel es sich handelt; es macht einen Unterschied, ob wir ein Haus bauen wollen oder uns unserer Sucht annähern. Ein Hausbau berührt unser Inneres nicht so stark wie unser Suchtverhalten. Unser emotionales Schutzprogramm springt also bei manchen Vorhaben stärker an als bei anderen. Ob es sich um ein inneres oder äußeres Ziel handelt, ist dabei nicht von Bedeutung. Wird es aber von unserem geliebten Kind ausgewählt, könnte es sein, dass wir nach Umsetzung unseres Vorhabens Schwierigkeiten bekommen. Kurzfristig können wir sicher ein Hochgefühl oder eine Erleichterung erfahren. Wie nach einer Etappe, die man geschafft hat. Aber dieses Gefühl enthält in der Regel nicht die nötigen seelischen Nährstoffe, um uns *auf Dauer* in der Tiefe sättigen zu können. Manche Menschen müssen sich deshalb immer neue Ziele suchen. Nicht weil sie sich gern entfalten möchten – das wäre ja wunderbar –, sondern weil sie wie innere Nomaden sind, die nie sesshaft werden können und deren innerer Hunger deshalb nie gestillt wird.

Im Folgenden beschreibe ich beispielhaft eine Zielsetzung, die von unserem geliebten Kind getroffen wird. Wissend, dass wir Menschen komplexe Wesen sind, möchte ich dabei mein Augenmerk nur auf das Wesentliche richten. Und auch wenn manches von dem, was ich hier ausführe, etwas überspitzt dargestellt ist, hoffe ich, dass es dazu dienen kann, die Kernaussage verständlich zu machen.

Nehmen wir an, wir wären eine Person, die ein Problem mit ihrer Unsicherheit hat. Nennen wir diese Person »Thomas«. Thomas fühlt sich von seiner Unsicherheit (ungeliebtes Kind) gestört. Schon als Kind hatte er viel Angst. Dies erschwert ihm heute als Erwachsener verständlicherweise seinen Alltag. Das gilt auch beim Kontakt zu Frauen. Thomas wünscht sich, seiner Unsicherheit nicht mehr das Feld zu überlassen. Er ist davon überzeugt, dass ihm dies helfen würde, eine Freundin zu finden.

An dieser Stelle, liebe Leserinnen und Leser, setze ich einen kleinen Kunstgriff ein, bevor wir fortfahren. Um im weiteren Verlauf eine gute Übersicht zu ermöglichen, soll Thomas' ungeliebtes Kind »Thommy« heißen.

Aus seinem geliebten Kind heraus setzt sich Thomas nun das Ziel, seine Unsicherheit endlich zu überwinden, um eine Beziehung haben zu können. Er informiert sich über Kurse, die dazu angeboten werden, und entscheidet sich schließlich für ein Angebot, bei dem selbstsicheres

Auftreten durch Verhaltens- und Kommunikationstraining erreicht werden soll.

Wir haben hier also zum einen das Ziel – durch mehr Selbstsicherheit eine Freundin finden – und zum anderen den Weg dorthin – Verhaltens- und Kommunikationstraining. Das Wichtige bei Thomas' Vorhaben ist gemäß seinem geliebten Kind das *Erreichen* des Ziels. Der Weg – also alle Bemühungen, die er auf sich nimmt – dient in diesem Fall einzig und allein dem Ziel.

WEG » » » » ZIEL

Der Weg dient dem Ziel.

Da die Umsetzung seiner Absicht oberste Priorität hat, fühlt sich Thomas von allem, was ihm auf seinem Weg in die Quere kommt – also hauptsächlich von Thommy – gestört. In dem von ihm besuchten Kurs lernt er schließlich, was er in diesem Fall tun kann. Sobald Thommy in ihm aufkommt, soll er auf bestimmte Punkte an seinem Körper klopfen und sich währenddessen Affirmationen sagen, die ihn von Thommy weg wieder hin in Richtung Selbstsicherheit bringen.

Es dauert zwar ein bisschen, aber nach einiger Zeit hat Thomas gelernt, seine Stimme und seine Körperhaltung anders einzusetzen. Auch Übungen, die Thomas Mut stärken sollen, haben ihm neue Erfahrungen in seiner Selbstwahrnehmung beschert. Thommy meldet sich zwar noch immer in ihm – vor allem in neuen Situationen spürt Thomas nach wie vor große Angst –, aber er kann ihn mithilfe seiner Techniken gut in Schach halten. Thomas' Auftreten verändert sich. Und tatsächlich lernt er eine Frau kennen. Zuerst ist dies für Thomas bereichernd und schön, doch dann wird es immer anstrengender. Denn seine Freundin kennt Thomas nur als selbstbewusst auftretenden Mann. Sie weiß nichts von Thommy. Und da Thomas Thommy ablehnt, muss er davon ausgehen, dass seine Freundin Thommy ebenfalls nicht mögen würde. Auf jeden Fall will Thomas das Risiko nicht eingehen, es auszuprobieren. Also strengt er sich an, Thommy vor ihr zu verbergen.

Thomas hat zwar jetzt sein Ziel erreicht – er ist in einer Beziehung und sein ungeliebtes Kind Thommy hat das Steuer nicht mehr in der Hand –, dennoch fühlt er sich zunehmend schlechter. Denn immer öfter meldet sich nun die Angst in ihm, seine Freundin könnte ihn verlassen. Nun könnte man meinen, Thomas' Verlassenheitsangst resultiere daraus, seiner Freundin vorgemacht zu haben, jemand zu sein, der er nicht in Gänze ist. Aber seine Angst – also Thommy – war schon vor der Begegnung mit dieser Frau in Thomas präsent.

Da kein Prozess in uns verloren geht, hat sich Thomas' Unsicherheit ihren Weg nun über diese Verlassenheitsangst gesucht. Dies führt nicht nur zu Spannungen in Thomas, sondern auch in der Beziehung. Denn Thomas wird immer eifersüchtiger. Seine ursprüngliche Unsicherheit (Thommy) hat nun eine andere Bühne für sich gefunden. Thomas ist zwar äußerlich jemand anderes geworden, aber innerlich, in der Tiefe, ist er noch genau derselbe wie zuvor. Seine Beziehung zu sich selbst hat sich im Kern nicht verändert. Thomas und Thommy hatten bei der Zielsetzung keine tragfähige Beziehung zueinander und das gilt auch jetzt, wo er vermeintlich am Ziel angekommen ist. Aus unserem emotionalen Schutzprogramm heraus ist dies auch gar nicht möglich. Denn unser biografisches Überlebensprogramm lebt von der Rivalität zwischen unseren Ich-Seiten. Thommy ist noch immer heimatlos. Deshalb muss er weiter an Thomas' Bewusstseinstür klopfen.

Wenn es primär um das Ziel geht und der Weg daher ausschließlich dem Ziel dient, können wir uns *emotional* nicht entwickeln. Auch wenn wir uns nach außen hin für alle sichtbar oder auf einer inneren oberflächlicheren Ebene auch für uns selbst verändern mögen: In der *Tiefe*, sind wir noch dieselbe Person wie am Anfang.

Zusammenfassung

» Mitgefühl, das unser ungeliebtes Kind nicht mit einschließt, reicht nicht sehr tief.

» Wenn wir nicht mehr nur aus der Sicht des geliebten Kindes auf uns schauen, können leidvolle Symptome wertvolle Qualitäten offenbaren.

- » Für eine ehrliche Kontaktaufnahme zu uns selbst braucht es die Haltung einer authentischen inneren Demokratie.
- » Viele Lösungsversuche entspringen einem »Lösungsaktionismus«. Sie dienen dazu, einer inneren Angst auszuweichen.
- » Die wichtige Frage ist: Dient das Ziel dem Weg oder dient der Weg dem Ziel?

Heilen dürfen

Als Lisa lernte, sich mit der Haltung der authentischen inneren Demokratie zu begegnen, wuchs ihr Vertrauen in sich selbst enorm. Dies war ein Prozess. Es brauchte Zeit, bis sie beispielsweise um sich selbst weinen oder ihren Hass auf sich selbst begleiten konnte. Denn häufig beginnt ein Heilungsweg mit Selbsthass. Wie erwähnt, kann auch Hass eine starke Kraft in sich bergen, deren Feuer *begleitend* entfacht werden möchte. Seine Glut kann uns heilsam stärken. Meiner Erfahrung nach kann es für uns sehr schwierig werden, wenn wir diese mächtige Wutkraft durch Entspannungsübungen zu ersticken versuchen. Manchmal kann eine innere Unruhe für einen unbewussten Wutprozess stehen, der sich im Inneren zu entfalten versucht. Ich kann sehr gut nachvollziehen, dass diese Unruhe anstrengend sein kann. Dennoch bräuchte es in so einem Fall eher eine Hebamme als den zu schnellen Griff zum Betablocker.

Auch Lisa wollte vieles in sich nicht haben. Wenn sie bemerkte, dass sie Partei für eine Seite in sich ergriff – was gar nicht zu verhindern ist, da ein Parteiischsein *immer* zum fortlaufenden Prozess dazugehört –, widmete sie sich diesem inneren Vorgang. Das Ziel bestand also nicht darin, dass etwas in ihr anders sein sollte, als es gerade war, sondern darin, das, was war, offen emotional begleiten zu können. Es ging nicht darum, eine Seite in sich von einer anderen Wahrheit zu überzeugen oder sie ins Gegenteil umzukehren, sondern um das wirkliche Erkunden ihrer selbst. Indem sie dies tat, kam sie fühlend an den Entstehungsursprung. Durch diese ehrliche emotionale Intimität mit sich selbst trat sie in Kontakt mit der heilsamen Wahrheit, dass mit ihr nie etwas verkehrt gewesen war. Sie erkannte nicht nur, sondern sie erspürte, dass es für *jeden* Gedanken und für *jede* Empfindung in ihr gute Gründe gab. Ihre emotionale Wahrheit war richtig. Nicht nur in der Gegenwart, sondern auch schon in der Vergangenheit. Dies zu erfahren berührte Lisa immer wieder sehr. Zu fühlen, dass sie nicht nur in Ordnung, sondern einzigartig richtig war, führte dazu, dass sie sich nicht mehr aus ihrem geliebten Kind heraus optimieren musste. Sie musste nicht mehr innerlich irgendwo ankommen, um ihr Leben endlich beginnen zu können. Sie war bereits da. Das setzte einen ganz neuen Genesungsprozess in Gang. Nun konnte sie wieder zu einer Einheimischen ihrer selbst werden.

Dazu gehörte auch, dass Lisa erstmalig ihre innere Entfaltungskraft entdeckte. Das heißt, Impulse, die nicht ihrer Angst, sondern ihrer Lebendigkeit entsprangen. Diese hatten für sie eine ganz neue und besondere Zugkraft, weil die Art des Sich-entwickeln-Wollens nicht mehr primär auf einem Fluchtimpuls fußte. In dem Maß, in dem Lisa sich aufmachte, aus ihrem emotionalen Überlebensprogramm auszusteigen, konnte und durfte auch ihre Depression endlich heilen.

In der Tiefe unseres Herzens sehnen wir uns alle danach, jemanden zu haben, der uns mit *all* unseren Seelenfarben ehrlich und bedingungslos liebt. Zu erfahren, dass wir selbst dieser jemand sind, verändert alles. Wenn der Kreuzzug gegen uns selbst langsam endet, geschieht etwas Erstaunliches: Wir erleben, wie sich in der bisherigen spannungsreichen Dunkelheit unseres Seins eine Flamme entzündet. Einfach so, als wäre es das Natürlichste der Welt. Und doch ist es jedes Mal wie ein Wunder.

Unser Kreisen im Leiden kann enden. Aber dafür brauchen wir eine andere Art der Begegnung mit uns selbst. Der erste von mehreren Schritten ist dabei die Schulung unserer Wahrnehmung, *wie* unser emotionales Schutzprogramm in uns arbeitet. Das braucht Geduld und viel Übung, denn dessen Einfluss kann sehr subtil und schnell wirken.

Um diesen ersten Schritt gehen zu können, möchte ich Ihnen eine Übung empfehlen. Sie soll Ihnen helfen, wahrnehmen zu können, ob, wann und wie Sie sich im emotionalen Schutzprogramm befinden. Lesen Sie bitte diese

Übung zunächst ganz durch, bevor Sie sich den einzelnen Punkten zuwenden.

ÜBUNG

1. Bitte wählen Sie in nächster Zeit in Ihrem Alltag einen Tag aus, an dem Sie sich etwas beobachten können. Führen Sie an dem Tag diese Übung so lange durch, wie es für Sie stimmig ist.
2. Halten Sie bitte in diesen Stunden entweder ein Aufnahmegerät (zum Beispiel Ihr Handy) oder etwas zum Notieren bereit.
3. Gehen Sie Ihrer Arbeit normal nach und stellen Sie sich einen Wecker, der Sie alle 60 Minuten daran erinnert, kurz innezuhalten. Sollten Sie ein anderes Zeitintervall bevorzugen, wählen Sie gern eines, das für Sie geeigneter ist.
4. Sobald die Erinnerung ertönt, halten Sie bei dem, was Sie gerade tun, kurz an. Sollte dies dort, wo Sie sich gerade befinden, schwierig sein (wie etwa an Ihrem Arbeitsplatz), begeben Sie sich bitte in den WC-Raum. Oftmals ist dies der einzige Ort, an dem wir für wenige Minuten ungestört sein können.
5. Fragen Sie sich, ob Sie gegensätzliche Seiten (geliebtes und ungeliebtes Kind) in sich wahrnehmen können (ein Beispiel dafür finden Sie weiter unten). Falls ja, welche sind es? Wenn es Ihnen möglich ist, ordnen Sie diesen

Seiten einen Satz zu, der sie repräsentiert. Notieren Sie sich diesen oder, falls Sie allein sind, sprechen Sie ihn in Ihr Aufnahmegerät.

6. Beobachten Sie anschließend, wie Sie mit diesen beiden Seiten umgehen. Schenken Sie beispielsweise einer mehr Beachtung als der anderen? Sind Sie von einer Seite in Ihnen genervt oder verängstigt oder was genau nehmen Sie wahr?

Ein Beispiel: Sie entdecken bei Punkt fünf, dass es eine Seite in Ihnen gibt, die stark unter Druck steht, eine Aufgabe erfüllen zu müssen. Ihr Satz könnte lauten: »Ich habe Angst, es nicht zu schaffen!« Ihr innerlich gegenüberstehend entdecken Sie eine Seite, die das lächerlich findet und Sie animiert, auf alle Fälle durchzuhalten. Diese könnte dann einfach sagen: »Nun stell dich mal nicht so an! Das geht jetzt nicht anders. Da musst du durch!« Anschließend spüren Sie vielleicht, dass Sie die ängstliche Seite verachten und nicht haben wollen.

Es geht auch bei dieser Übung nicht darum, sofort etwas mit diesen Seiten machen zu müssen. Wichtig ist, dass wir zuerst unser Bewusstsein darin schulen, die innere »Kampfdynamik« überhaupt wahrzunehmen. Indem Sie dies mehrfach wiederholen, kann Ihnen die bisher unbewusste kraftraubende Interaktion bewusst werden.

Glaubenssätze und ihre Wurzeln

Das Arbeiten mit Glaubenssätzen hat in fast allen psychologischen Ausrichtungen Einzug gehalten. Es kann ausgesprochen sinnvoll sein, sich mit diesen oft unbewusst in uns wirkenden Lebensregeln zu beschäftigen. Die Art und Weise, wie mit ihnen gearbeitet wird, ist je nach Strömung sehr unterschiedlich. Jedoch besteht immer die Gefahr, dass die Anwendung aus dem geliebten Kind heraus geschieht. Das wäre sehr schade. Denn fällt uns nicht auf, dass wir gerade aus unserem emotionalen Schutzprogramm heraus agieren, tragen wir unbewusst dazu bei, dass es sich automatisch immer wieder selbst aufrechterhält.

Es gibt eine Frage, mit der wir erkennen können, ob wir uns unseren Glaubenssätzen aus unserem Überlebensprogramm heraus nähern oder nicht. Sie lautet: Will ich die Kontrolle über eine störende Situation beziehungsweise über ein störendes Symptom erlangen?

Falls Sie diese Frage bejahen, ist daran nichts falsch. Hätte man sie mir in meiner Leidenszeit gestellt, hätte ich mit Bestimmtheit mit einem Ja geantwortet. Gern möchte ich immer wiederholen, dass der Kampf des geliebten Kindes (ich will die Störung weghaben) gegen das ungeliebte Kind (die Störung) ein zentrales Element unseres emotionalen Rettungsprogramms ist. Diese Ich-Seiten *müssen* gegeneinander kämpfen, es kann nicht anders sein. Ziel ist es nicht, dass sie dies nicht tun, sondern dass uns auffällt, was vor sich geht, und wir uns weder vom geliebten noch vom ungeliebten Kind für ihr jeweiliges Ziel einspannen lassen. Nur dadurch können wir auf eine übergeordnete Ebene gelangen und von hier aus Schritte gehen, um aus dem Programm auszusteigen.

Albert Einstein hat mal folgenden Satz gesagt: »Ein Problem kann nicht auf der Ebene gelöst werden, auf der es entstanden ist.« Genau dies trifft auch auf unser Thema zu. Solange wir uns von unserem biografischen Schutzprogramm vereinnahmen lassen, werden wir die *grundsätzliche* Leidensschleife nicht verlassen können. Auf einer oberflächlichen Ebene wird sich vielleicht einiges verändern lassen, aber in der Tiefe geht der Kampf gegen uns selbst weiter. So wird das tiefere Ziel unseres emotionalen Überlebensprogramms immer wieder aufs Neue erreicht: Wir kämpfen und kämpfen und halten innerlich nie an.

Erkennen wir, dass wir mit unserem geliebten Kind identifiziert sind, das sagt: »Ich will die Störung loswerden und die Kontrolle haben!«, müssten wir uns zuallererst diesem Anteil in uns widmen. Denn wie in den vorherigen Kapiteln beschrieben, ist der tiefere Antrieb des geliebten Kindes immer Angst. Seine Lösungshandlungen dienen dazu, dieser zu entkommen. Das wird jedoch, wenn überhaupt, immer nur kurzfristig möglich sein. Denn es ist diese Angst, die unsere Aufmerksamkeit benötigt, um heilen zu können. Es geht nicht um das Streben nach vermeintlicher Kontrolle.

Hinzu kommt, dass wir manchmal glauben, das Erkennen unserer »negativen« Glaubenssätze könnte bereits eine

Wandlung herbeiführen. Dies ist jedoch nur sehr bedingt der Fall. Denn die Quelle der Glaubenssätze, die in Zusammenhang mit einer größeren inneren Not in uns stehen, können wir über diesen Weg nicht erreichen. Ihre Wurzeln ragen in eine *emotionale* Tiefe hinein, in der unsere *mentale* Bewusstwerdung keinen Einfluss hat.

Mit einem Beispiel möchte ich dies veranschaulichen. Was für dieses Symptom gilt, lässt sich auf jedes andere übertragen.

Stellen wir uns einen Mann vor – nennen wir ihn Martin –, der in seiner Kindheit gelernt hat, seinen Teller leer zu essen. Den Glaubenssatz »Man muss alles aufessen, was auf dem Teller liegt!« hat er schon sehr früh regelmäßig von seinen Eltern gehört und unbewusst verinnerlicht. Als erwachsener Mann wundert sich Martin, dass er sich nach dem Essen häufig zu satt fühlt, und ärgert sich darüber. Die Aufforderung, alles aufzuessen, hatte er seit seinen Kindertagen unbewusst weiterhin befolgt. Als er diesen Glaubenssatz bei sich entdeckt, fällt es ihm nicht schwer, diese Regel auf den aktuellen Wahrheitsgehalt für sich zu überprüfen und fallen zu lassen. Die Kraft dieses Glaubenssatzes speist sich in erster Linie aus seiner Unbewusstheit. Da keine größere Verletzung an ihn gekoppelt ist, sondern er »nur« im Kindesalter übernommen wurde, ragen seine Wurzeln nicht tief in Martins emotionale Innenwelt hinein. Es reicht deshalb das *Erkennen* dieses Glaubenssatzes, um ihm seine Macht zu nehmen.

Ganz anders bei meiner Klientin Britta. Sie hat in ihrer Kindheit ebenfalls sehr oft den Satz gehört: »Man muss alles aufessen, was auf dem Teller liegt!« Der Unterschied zu Martins Situation ist jedoch: Britta hat dagegen rebelliert und sie wurde dafür bestraft. Im Kindergarten zwang man sie, so lange am Tisch sitzen zu bleiben, bis sie alles aufgegessen hatte. Während die anderen Kinder schon längst am Spielen waren, durfte Britta ihren Platz nicht verlassen. Widersetzte sie sich zu lange, musste sie zur Strafe manchmal auch in der Ecke stehen. Alle sollten sehen, wie ungehorsam und »böse« sie war. Bei Britta sind mit diesem Glaubenssatz Demütigungen verbunden und der Versuch, ihren Willen zu brechen. Ihre daraus resultierenden Verwundungen ragen tief in ihre emotionale Innenwelt hinein. Brittas Glaubenssatz hat seine Stärke also nicht dadurch gewonnen, dass er einfach unbewusst übernommen wurde und nun wie ein Programm in Britta weiterläuft. Das, was seine Dominanz ausmacht, sind die *Verletzungen*, die mit ihm einhergehen.

Das Erkennen, dass dieser Glaubenssatz nicht wahr ist oder heute keine Gültigkeit mehr hat, hilft ihr deshalb nicht weiter. Auch ihre Bestrebung, diesen Satz in eine positive Formulierung abzuwandeln, konnte ihm seine Macht nicht nehmen. Ganz abgesehen davon, dass es sich natürlich auch hier sehr lohnen würde zu überprüfen, welche Seite in ihr diesen Glaubenssatz eigentlich zu einem neuen positiven Satz drehen möchte. Denn fast immer ist es auch hier das geliebte Kind, das das ungeliebte Kind (die übermäßig Essende) loswerden will.

EINSCHUB

Vom Entweder-oder- zum Und-Denken

Bevor wir fortfahren, liebe Leserinnen und Leser, ein kleiner Einschub. Wenn wir den zuletzt geschriebenen Satz betrachten, kann uns unser biografisches Schutzprogramm schnell zu einem Umkehrschluss führen, der es für uns schwierig macht. Ich weiß, dass ich das nun Folgende in unterschiedlicher Ausführung bereits beschrieben habe. Aus der Erfahrung in der Arbeit mit Betroffenen weiß ich aber, wie schnell und wie unbemerkt sich die Brille unseres Abschirmprogramms vor unsere Augen setzt. Sollte sich bei dem eben Geschriebenen keine Frage in Ihnen ergeben haben, überspringen Sie einfach diesen Abschnitt. Falls doch, lesen Sie gern weiter.

Man könnte aus dem letzten Satz der vorigen Textpassage – »Denn fast immer ist es auch hier das geliebte Kind, das das ungeliebte Kind (die übermäßig Essende) loswerden möchte« – schlussfolgern, dass sich aber doch gar nichts verändern kann, wenn wir die Störung nicht bearbeiten. Da das Gegen-uns-selbst-ankämpfen-Müssen grundsätzlich zum psychologischen Überlebensmodus dazugehört, gibt es innerhalb dieses Systems immer nur ein Entweder-oder-Denken. Entweder die Seite in uns, die uns stört – in unserem Beispiel die übermäßig Essende –, verschwindet oder sie behält das Steuer in der Hand. Es gibt innerhalb dieses Programms nur Schwarz oder Weiß. Um beides geht es aber gerade nicht. Worum es geht, ist das Aufwachen daraus. Dazu ist es notwendig, dass aus dem Entweder-oder-Denken ein Und-Denken werden kann. Ein Teil in uns (geliebtes Kind) möchte die übermäßig essende Persönlichkeitsseite in uns loswerden *und* eine andere Seite in uns (ungeliebtes Kind) möchte übermäßig viel essen. *Beide* Seiten gilt es zu erkunden, nicht nur die eine. Erst wenn wir das System als Ganzes – also *beide* Seiten – in den Blick nehmen, laufen wir nicht mehr Gefahr, uns aus der einen Seite heraus gegen die andere zu stellen. Erst dadurch eröffnen sich neue Möglichkeiten für uns. Wenn Sie sich beim Lesen dieser letzten Zeilen fragen, wie dieses Erforschen aussehen könnte, bitte ich Sie noch um etwas Geduld. Im dritten Teil dieses Buchs widme ich mich diesem Thema.

Nun zurück zu Britta: Wie eben erwähnt, nährte sich die Stärke ihres Glaubenssatzes aus den Verletzungen, die mit ihm einhergegangen waren. Um es in einem Bild zu sagen: Würden wir Brittas Leitsatz – »Du musst deinen Teller leer essen!« – als Blätter an einem Baum sehen, könnte Britta sich immer wieder vergeblich bemühen, diese abzuzupfen. Sie werden aber immer wieder nachwachsen, weil sie über eine unterirdische Wurzel genährt werden, nämlich durch Brittas Verwundung. Dieser Wurzel können wir nicht oberirdisch, also durch eine Bewusstwerdung, begegnen. Wir brauchen das Einlassen auf die *tiefer liegende emotionale* Ebene. Dazu zählte bei Britta beispielsweise ihre gestaute – da noch nicht ausgedrückte – Wut über das Unrecht, das ihr angetan worden war, und viele unterdrückte Tränen der Verzweiflung, die sie, um vor den Betreuerinnen ihre Würde zu wahren, damals nicht weinen konnte.

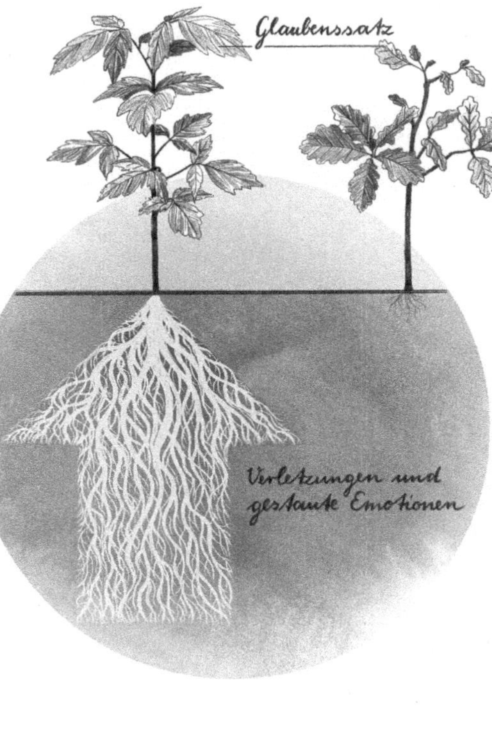

In der Gegenwart zeigte sich Brittas verletzte Kinderseele unter anderem durch Essanfälle, ausgelöst durch einen seit damals in der Tiefe kreisenden Widerstand gegen die Macht, die man ihr gegenüber ausgeübt hatte. Auch wenn Britta als Erwachsene sehr unter ihrem Gewicht litt, machte ihre Rebellion auf der *emotionalen* Ebene Sinn. Solange Brittas ungeliebtes essendes Kind seine gestauten Emotionen nicht innerhalb einer neuen Erfahrung abschließend ausdrücken konnte, musste es seine Rebellion auf der Essensbühne äußern. »Mir sagt niemand, was ich essen oder nicht essen soll! Ihr brecht mich nicht!«, das waren Sätze, die bei unserer gemeinsamen Arbeit in unterschiedlichen Variationen von Brittas ungeliebtem Kind immer wieder aufgebracht wurden. Diese stark verletzte Seite in ihr hatte sich von der Welt zurückgezogen. Wollte sich Britta diesem verletzten Kind über das geliebte Kind – also mit jeder Art von »Du musst …!« – nähern, hatte sie keine Chance. Unsere stark verwundeten ungeliebten Kinder haben sehr feine Antennen für jede Form von Manipulation. Und sie wehren sich dagegen. Wie ich finde, völlig zu Recht.

Erst als Britta begann, sich diesem verratenen, verlassenen inneren Kind nicht mehr aus dem geliebten Kind heraus zu nähern, konnte es langsam seine gestauten Emotionen auf eine Weise ausdrücken, die ihm eine neue Erfahrung bescherte. Jenseits des Schutzprogramms konnte Britta eine Beziehung zu ihm aufbauen, die es ihm ermöglichte, sich gehört, gesehen und erspürt zu fühlen, ohne dass jemand etwas von ihm wollte. Es bekam dadurch das Daseinsrecht zugestanden, das ihm damals brutal genommen worden war. So löste sich der Glaubenssatz langsam auf. Erst dann konnte Frieden einziehen.

Es sind nicht nur unsere Gedanken, die unsere Welt erschaffen, sondern es sind vor allem die in ihnen verborgenen blutenden Wunden. Jeder Glaubenssatz, der mit einem größeren Leiden verbunden ist, bezieht seine Stärke aus der Verletzung, die mit ihm einhergeht. Eine Bewusstwerdung allein reicht deshalb nicht aus. Sie kann – sofern sie nicht nur vom geliebten Kind aus gelenkt ist – ein wertvoller *ersten* Schritt sein. Aber es braucht weitere Schritte danach.

Eine andere Welt

Es sagt sich leicht, dass wir als Kinder ein biografisches Schutzprogramm aufgebaut haben. Die damit einhergehende existenzielle Verwundung kann in einer Gesellschaft, in der ein Leben mit dieser Art von Verletzung üblich ist, mitunter schwierig zu greifen sein. Deshalb folgt hier noch eine kleine Geschichte zur Verdeutlichung.

Nehmen wir an, wir haben eine Verabredung mit einer Frau namens Anja. Sie berichtet uns über eine Erfahrung, die sie vor Jahren gemacht hat. Damals flog sie an einen Ort, von dem sie vorab nicht viel wusste, zu dem sie sich aber in ihrer Abenteuerlust hingezogen fühlte. Dort angekommen bemerkt sie, dass an diesem Ort etwas seltsam ist. Die Menschen sprechen zwar ihre Sprache – was sie sehr freut –, verhalten sich aber aus ihrer Sicht sehr merkwürdig. Zu Beginn kann Anja nicht ausmachen, was genau sie irritiert. Aber in den Tagen darauf merkt sie, woran es liegt: Die Menschen dort teilen ihre Wahrnehmung nicht. Wenn Anja etwas anmerkt, sagt man ihr, dass dies nicht stimmt. Zu Beginn ist sie nur erstaunt, denkt sich aber, dass sie ja bald wieder zuhause und damit unter Menschen sein wird, die sie verstehen. Dennoch wird ihre Irritation immer stärker. Anja fühlt sich zunehmend unwohler. Nach einigen Tagen beschließt sie deshalb, ihre Reise abzubrechen und vorzeitig nachhause zu fliegen. Nachdem sie diesen Entschluss gefasst hat, geht es Anja schon wesentlich besser. Sie fährt zum Flughafen. Dort muss sie leider feststellen, dass ein Rückflug nicht möglich ist. Die politische Lage in dem Land hat sich verändert. Ihr regulär geplanter Rückflug wurde ebenfalls abgesagt. Nun ist völlig offen, wann – falls überhaupt – Anja wieder nachhause kann. Auch telefonieren kann sie nicht, da sowohl das Telefonnetz als auch das Internet blockiert sind. Anja bleibt nichts anderes übrig: Sie muss sich mit den Gegebenheiten vor Ort zurechtfinden.

Nach dem anfänglichen Schock versucht sie schließlich, mit den Einheimischen mehr in Kontakt zu kommen. Dies gestaltet sich jedoch sehr schwierig. Denn vieles von dem, was Anja in Bezug auf die Menschen wahrnimmt, streiten diese immer wieder ab. Zu Beginn ist das für die ortsansässigen Männer und Frauen noch lustig. Aber dann reagieren sie immer häufiger genervt und fordern Anja auf, endlich Ruhe zu geben und die Dinge »richtig« zu sehen. Anja gerät in eine Verwirrung. Sie rebelliert gegen die Bevormundung und besteht darauf, dass man ihre Wahrnehmung respektiert. Sie streitet sich. Sie diskutiert. Sie kämpft dafür, mit ihrer Wahrheit ernst genommen zu werden. Aber es findet sich keiner, der ihr zustimmt oder beisteht. Die Wochen gehen ins Land. Anja gibt jedoch keine Ruhe. Deshalb wird sie von den anderen gemieden, man hält sie für nicht normal. Sie gilt als zu dramatisch und viel zu emotional. Da Anja langsam das Geld ausgeht, wird ihre Situation nun auch materiell schwierig. Sie braucht einen Job, was bedeutet, dass sie sich mit den Frauen und Männern vor Ort irgendwie arrangieren muss. Anderenfalls wird sie nicht überleben können. Sie gerät innerlich immer mehr in Not. Wenn sie weiterhin bei ihrer Wahrheit bleibt, wird sie nicht zur Gemeinschaft gehören können. Das wäre ihr Tod. Um aber Teil der Gemeinschaft sein zu können, müsste sie sich selbst verraten.

Je länger Anja mit den Menschen dort lebt, desto verunsicherter wird sie. Nach weiteren Monaten registriert sie, wie sich Zweifel in ihr ausbreiten. Sie bemerkt, wie sich ihr bisheriges Ausrufezeichen hinter ihrer Wahrnehmung in ein Fragezeichen wandelt. Anja fühlt sich mehr und mehr verloren. Sie hofft, dass irgendwer ihre Wahrheit bestätigen möge. Aber niemand findet sich, sodass sie beginnt, um ihre psychische Gesundheit zu bangen. Irgendwann bemerkt sie, wie sich eine Frage in ihre Gedanken schleicht:

»Wenn alle anderen sagen, dass das die Wahrheit ist, könnte es nicht vielleicht doch sein, dass *ich* mich irre? Vielleicht stimmt das, was ich bisher wahrgenommen habe, einfach nicht.« Es geht ihr immer schlechter. Umso erleichterter ist sie, als sie nach langer Zeit endlich die erlösende Nachricht erhält, dass sie nachhause fliegen kann.

Stellen wir uns diese Erfahrungen aus der Perspektive eines Kindes vor. Als Erwachsene können wir auf Erinnerungen zurückgreifen. Anja wusste, dass es in ihrem Herkunftsland Menschen gibt, die ihre Beobachtungen und Empfindungen geteilt haben. Kleine Kinder haben diese Möglichkeit nicht. Sie können nur auf sich selbst zurückgreifen. Außerdem besitzen wir als Erwachsene die Fähigkeit, Situationen zu überblicken und einzuordnen. Ein Kind kann dies ebenfalls nicht. Zunächst äußert das Kind vielleicht noch seine Verunsicherung darüber, dass es viele Dinge, die es im Außen beobachtet und wahrnimmt, nicht versteht. Aber mit der Zeit wird es sich dem Umfeld anpassen müssen.

Um nur ein sehr kleines und harmlos scheinendes Beispiel dafür zu nennen, stellen wir uns folgende Szene vor: Ein Kind nimmt wahr, dass sein Vater traurig ist. Es fragt ihn deshalb: »Papi, bist du traurig?« Der Vater lächelt und sagt: »Nein, ich bin nicht traurig. Es ist alles in Ordnung. Mir geht es gut.« Vielleicht möchte der Vater sein Kind nicht belasten oder es ist dem Vater unangenehm, dass sein Sohn oder seine Tochter ihn in dieser emotionalen Verfassung sieht. Problematisch für das Kind ist nun, dass es nicht weiß, worauf es reagieren soll, seine innere Wahrnehmung (etwas stimmt hier nicht) steht gegen seine äußere (das, was es vom Vater hört).

Wenn das Kind dauerhaft keine Bestätigung für seine Wahrheit findet, *muss* es den Kontakt zur eigenen Wahrnehmung aufgeben. Selbst wenn sie richtig ist, verfügen die Erwachsenen über die Macht. Deshalb wird sich das Kind früher oder später beugen und sich einer emotional gestörten Welt anpassen müssen. Dies kann es nur, indem es sich von sich selbst emotional distanziert. Auch ohne dass eine weitere größere Verletzung stattfindet, ist diese Verwundung sehr tief und weitreichend.

Die Urwunde und Traumata

Bevor ich zum dritten Teil »Die emotionale (R)Evolution« in diesem Buch übergehe, möchte ich noch auf die Verletzungsform eingehen, die in der Psychologie als eine der stärksten Verwundungen angesehen wird: das Trauma. Es kann ausgesprochen hilfreich sein, unser biografisches Schutzprogramm auch in diesen Bereich mit einzubeziehen. Glücklicherweise kommen die Errungenschaften der Traumaforschung heutzutage schon mehr Menschen zugute. Zwei Ausrichtungen stehen dabei besonders im Fokus:

- das Schocktrauma und
- das Entwicklungstrauma.

Da es bereits zahlreiche Publikationen zu diesen beiden Traumaarten gibt und auch ich dazu in früheren Veröffentlichungen schon einiges geschrieben habe, möchte ich auf die Erklärung, was sich dahinter verbirgt, nur kurz eingehen.

Als *Schocktrauma* bezeichnet man ein einzelnes schreckliches und überwältigendes Erlebnis. Die meisten Menschen denken dabei an eine Gewalterfahrung, zum Beispiel an eine Vergewaltigung oder einen Überfall. Aus der Traumaforschung weiß man jedoch, dass zu einem Schocktrauma weit mehr Ereignisse zählen können, zum Beispiel auch Operationen, Unfälle oder eine Geburt. Ein Trauma bedeutet, dass uns etwas so stark erschüttert, dass unser Gehirn nur noch mit einem Notfallprogramm auf die Situation reagieren kann. Da es nicht im Ereignis selbst gründet, sondern vielmehr darin, *wie* eine Person – genauer gesagt ihr Nervensystem – auf das Erlebte reagiert, hängt es vom jeweiligen Menschen ab, ab wann das Erlebte nicht mehr zu bewältigen ist und deshalb zum Trauma wird. Ein Mensch kann beispielsweise einen Unfall als traumatisch erleben, während ein anderer, der denselben Unfall hat, dies nicht tut. Oder ein anderes Beispiel: Es gibt Kinder, die durch Operationen traumatisiert werden, während dies bei anderen wiederum gar nicht der Fall ist.

Beim *Entwicklungstrauma* geht es nicht um einmalige schwerwiegende oder gewalttätige Einflüsse, sondern um viele »kleinere« verletzende Erfahrungen. Wenn zum Beispiel die engen Bezugspersonen eines Kindes keine ausreichende und sichere *emotionale* Bindung zu ihm aufbauen konnten, bleibt es psychisch unterversorgt. Das kann selbst dann der Fall sein, wenn beispielsweise die Mutter *körperlich* die ganze Zeit anwesend, aber für das Kind emotional nicht erreichbar war. Ein Entwicklungstrauma kann also eine ebenso gravierende Wirkung auf unser Leben haben wie das zuvor beschriebene Schocktrauma. Die dadurch verursachten Verletzungen sind zwar nicht so offensichtlich, sie können aber genauso großes Leid bei den Betroffenen verursachen.

Wenn ich von der Urwunde spreche, möchte ich die dramatischen Folgen, die ein Trauma mit sich bringen kann, keineswegs schmälern. Dass ein Schock- oder Entwicklungstrauma furchtbar und schwerwiegend ist, steht außer Frage. Wenn wir auf diese Weise verletzt wurden, werden uns die Verwundungen zwangsläufig auf unserem Heilungsweg begegnen. Es ist wichtig und absolut notwendig, uns ihnen mit therapeutischer Unterstützung zu widmen.

Betrachten wir unsere biografischen Verletzungen – ganz gleich, ob es sich um leichte, schwerwiegende oder eben traumatische Verwundungen handelt –, ohne unsere Urwunde und damit unser emotionales Überlebensprogramm mit im Blick zu haben, ist die Wahrscheinlichkeit sehr groß, dass wir uns diesen Wunden aus unserem geliebten Kind heraus nähern. Dann bleiben wir in der Tiefe, obwohl sich vielleicht manches zum Positiven verändern kann, im biografischen Schutzprogramm verhaftet. In der Folge können uns weiterhin Symptome peinigen. Vielleicht sind es dieselben wie vorher, vielleicht andere. Nicht selten wird dann gesagt, sie seien nicht heilbar und wir müssten lernen, mit ihnen umzugehen. Diese Aussagen sind aber nur dann richtig, sofern wir uns noch immer *innerhalb* des unbewussten Schutzprogramms bewegen.

Wie bereits mehrfach erwähnt, kann der Kampf und damit das Leiden unter Symptomen im Rahmen unseres emotionalen Überlebensprogramms nicht enden. Solange wir uns »nur« auf die biografischen Erlebnisse fokussieren und nicht gleichzeitig die Wirkkräfte der Dynamik des geliebten und ungeliebten Kindes im Blick haben, erfassen wir das Gesamtbild noch nicht. Wir widmen uns dann beispielsweise beim Entwicklungstrauma dem verwundeten *ungeliebten* Kind in uns, weil es sich durch Ängste, Süchte, nicht erklärbare Schmerzen, Depressionen oder Beziehungsprobleme offensichtlicher zeigen kann. Aber unser ungeliebtes Kind ist nur *ein* Element in einem größeren Zusammenspiel.

Der Verlust unserer emotionalen Intimität mit uns selbst

Würden wir sagen, unser heutiges psychisches Leiden hätte damit zu tun, dass wir als Kind eine bestimmte Qualität von Liebe nicht erfahren konnten, dann ist das richtig. Das ist aber nicht die ganze Wahrheit. Denn was unseren Schmerz nach so vielen Jahren auch heute noch in uns lebendig halten *kann*, ist nicht allein die Tatsache, dass wir zu Beginn unseres Lebens emotional nicht satt geworden sind. Was das Leiden in der Gegenwart in uns aufrechterhält, ist der Verlust unserer emotionalen Intimität mit uns selbst. Wir wissen nicht mehr, wer wir in der Tiefe sind. Erst dieses innerste Abgeschnittensein von unserem Kern führt dazu, dass wir jeden Tag aufs Neue in unserem biografischen Schutzprogramm kreisen müssen. Meiner Erfahrung nach ist dieser Verlust der tiefste Punkt unserer Verletzungen. So viel Leid bei uns selbst und auch in dieser Welt rührt von dem damit verbundenen Kampf gegen uns selbst. Dabei geht es um eine Macht-Ohnmacht-Dynamik. Im dritten Teil dieses Buchs werden wir uns diesen Sachverhalt noch genauer anschauen.

Zusammenfassung

» Es gibt eine innere Entfaltungskraft, die nicht in unser Schutzprogramm involviert ist. Ihre Impulse entspringen nicht einer Angst, sondern einer Lebendigkeit.

» Glaubenssätze, die mit Leiden zu tun haben, beziehen ihre Macht aus der emotionalen Verletzung, die mit ihnen einhergeht.

» Das zentrale Element, welches das Leiden in der Gegenwart in uns aufrechterhält, ist der Verlust unserer emotionalen Intimität mit uns selbst.

» Bei der Behandlung von Traumata lohnt es sich sehr, den Blick zu erweitern und dabei das biografische Überlebensprogramm einzubeziehen.

III. Die emotionale (R)Evolution

» Warum auch Kinder, die in unserer Gesellschaft als gesund gelten, eine Urwunde in sich tragen.

» Welche zentrale Rolle unbewusste biografische Macht-und-Ohnmacht-Erlebnisse in unserem Leben spielen.

» Warum Vergeben und Verzeihen ein gewaltvoller Akt sein kann.

» Was »emotionale Selbstbegleitung« bedeutet und warum sie auf dem Heilungsweg unerlässlich ist.

» Wie eine bisher unbekannte Form des Reifens uns befreien kann.

Die Macht-Ohnmacht-Dynamik

Die wiederkehrenden starken Ausnahmezustände, in denen ich mich wegen des Aufkommens meiner traumatischen Kindheitserlebnisse zu Beginn meines Heilungsweges befand, waren schrecklich. Aber der schrittweise Versuch, mich in ihnen zu orientieren, ermöglichte mir mit der Zeit auch das Navigieren in Extremen. Als ich mich darin nach und nach besser zurechtfand, entdeckte ich mein biografisches Schutzprogramm mit seinem »hypnotisierenden« immerwährenden Kampf gegen mich selbst. Während ich dies immer klarer sah, wurde mir auch deutlicher, welche zentrale Rolle Macht und Ohnmacht beim Aufbau sowie beim Aufrechterhalten des emotionalen Überlebensprogramms spielen. Was ich im Folgenden beschreibe, basiert sowohl auf den Erlebnissen, die ich auf meinem eigenen Heilungsweg erfahren durfte, als auch auf dem, was ich in meiner therapeutischen Arbeit seit vielen Jahren wiederholt beobachte. Denn so individuell die inneren Prozesse der vielen Menschen, die ich begleite, auch sind, taucht doch immer wieder das gleiche Muster im Hinblick auf Macht und Ohnmacht innerhalb dieser Prozesse auf.

Sobald wir uns in einer Situation unterlegen fühlen, entstehen automatisch zwei Pole: eine machtvolle Position auf der einen Seite (Aggressor) und eine machtlose auf der anderen (Opfer). Dabei spielt es keine Rolle, ob sich unser Gegenüber selbst als Aggressor empfindet, aus der Sicht des Machtlosen ist er es. Entscheidend für die Position des Opfers ist sein *emotionales* Empfinden.

Wegen unserer körperlichen Unterlegenheit, unserer Unerfahrenheit und vor allem unserer Abhängigkeit von unseren Bezugspersonen nehmen wir als Kinder gegenüber Erwachsenen in Situationen, in denen sich eine Macht--Ohnmacht-Konstellation herausbildet, zwangsläufig die Opferposition ein. Dabei gibt es Situationen, die »nur« weh tun, und solche, bei denen mit der Machtausübung bewusst oder unbewusst unsere Würde angegriffen wird. Schmerzen verspüren Kinder zum Beispiel in Situationen, in denen sie im Alltagsgeschehen bei ihren Bezugspersonen ihren Willen nicht durchgesetzt bekommen. Das sind zwar Momente, in denen wir uns unterlegen fühlen, aber solche Erlebnisse attackieren nicht unser Inneres. Sie dienen uns vielmehr als wichtige Lernerfahrung im sozialen Miteinander. Da derartige Unterlegenheitserfahrungen nicht sehr tief gehen, lassen sie sich mit einem klärenden Gespräch oder einer versöhnlichen Geste schnell wieder ausgleichen. Auf diese Weise fördern sie in unserer Entwicklung einen gesunden Umgang mit Frustration und Enttäuschungen.

Ganz anders verhält es sich mit Situationen, in denen eine Macht-Ohnmacht-Dynamik tief in unser Inneres eingreift und unsere Würde verletzt. Bei offensichtlichen physischen und psychischen Gewalterfahrungen ist die starke Wirkung sicher leicht nachzuvollziehen. Beim Aufbau unseres emotionalen Überlebensprogramms lässt sich dies jedoch wesentlich schwieriger erkennen. Im ersten Teil des Buchs habe ich die existenzielle Angst und den unaushaltbaren Schmerz beschrieben, den wir erleben, wenn wir als Kinder von unseren Bezugspersonen nicht in unserer emotionalen Ganzheit willkommen geheißen werden. Durch das Nicht-angenommen-Sein als die, die wir sind, wird uns nicht nur eine bestimmte Qualität von Liebe nicht zuteil, sondern wir geraten darüber hinaus wiederkehrend in eine Position der Machtlosigkeit. Die leidvollen Schlüsselmomente, in denen wir den Kontakt zu unserem Innersten aufgeben müssen, um in der Familiengemeinschaft und damit in der Welt leben zu können, sind Situationen, in denen wir einer starken Macht-Ohnmacht-Dynamik ausgesetzt sind. Dabei entsteht die Urwunde.

Was ich gleich beschreiben werde, wirkt auf manche Menschen vielleicht übertrieben. Zu sagen, dass selbst bei einer »normalen« Kindheit eine Macht-Ohnmacht-Dynamik tiefgreifend wirkt und eine Urwunde entsteht, könnte einige Leser irritieren. Denn dem geliebten Kind entsprechend zu leben – also sich innerhalb des Schutzprogramms gut bewegen zu können – gilt, wie bereits beschrieben, in unserer Gesellschaft als gesund und normal. Würden bei uns psychische Probleme nicht immer häufiger entstehen, könnte man vielleicht noch darüber hinwegsehen und sagen, dass doch alles gut läuft. Aber es gibt diese große Not. Obwohl wir noch nie zuvor so viele Unterstützungsmöglichkeiten hatten wie jetzt – unterschiedlichste Therapieangebote, Kurse (darunter auch viele Vorsorgeprogramme), Selbsthilfegruppen, Aufklärungsarbeit, das Boomen von psychologischen Büchern usw. –, existiert sie weiter und wird leider sogar größer.

In unserer Gesellschaft haben Kinder im Vergleich zu früher glücklicherweise mehr Rechte. Ihre Bedürfnisse werden stärker berücksichtigt und was früher als vollkommen normal galt, ist es heute zum Glück nicht mehr. Gewalt gegen Kinder zum Beispiel wird von der Mehrzahl der Menschen nicht mehr akzeptiert und steht mittlerweile zu Recht unter Strafe – gleichwohl sie leider noch viel zu oft geschieht. Kinder werden in Krankenhäusern in der Regel nicht mehr auf schroffe Art ins Leben geholt und unabhängig von ihrem Hungerbedürfnis einfach alle vier Stunden gefüttert. Dadurch konnte viel Leid verhindert werden, wie es die Menschen der Jahrgänge zuvor noch ertragen mussten. Auch Kindergärten versuchen heutzutage, mehr auf die Bedürfnisse der Kinder einzugehen. Es bleibt, wie gesagt, noch viel zu tun, aber unterm Strich werden Kinder in unserer Zeit ernster genommen, als dies noch in früheren Generationen üblich war. Obwohl das so ist, leiden dennoch immer öfter auch junge Menschen unter psychischen Problemen. Man könnte aufgrund der bereits positiveren Entwicklung annehmen, dass es Kinder, die in den 1980er- oder 1990er-Jahren geboren wurden, in Bezug auf sich selbst doch schon leichter haben müssten. Dem ist aber nicht so. Im Gegenteil: Das Problem wird größer. Dem geliebten Kind zu folgen scheint in einer komplexer werdenden Welt immer weniger möglich zu sein. Ein Auszug aus dem Barmer-Arztreport von Februar 2018 verdeutlicht dies: »Allein zwischen den Jahren 2005 bis 2016 ist der Anteil der 18- bis 25-Jährigen mit psychischen Diagnosen um 38 Prozent und darunter bei Depressionen um 76 Prozent gestiegen (…) Demnach ist selbst bei den Studierenden, die bislang als weitgehend ›gesunde‹ Gruppe galten, inzwischen mehr als jeder sechste (17 Prozent) von einer psychischen Diagnose betroffen.«[3]

Auch in anderen Altersgruppen ist die Not groß, die Altersdepression beispielsweise erwähnte ich bereits an anderer Stelle. Und auch sonst übersteigt die Nachfrage an therapeutischer Unterstützung bei Weitem das Angebot. Hinzu kommt, dass eine große Zahl an Menschen versucht, ihre Symptome auf eigene Faust in den Griff zu bekommen. Sie nehmen von sich aus regelmäßig Medikamente ein oder entwickeln Suchtstrukturen, die nicht auffallen. Denn manche Süchte sind, gemäß der Ausrichtung unserer Gesellschaft auf das geliebte Kind, anerkannt, so zum Beispiel arbeitssüchtig zu sein oder auch die Sucht, sich um andere zu kümmern, sich selbst dabei aber zu vergessen.

Leider wenden sich Menschen häufig erst dann sich selbst zu, wenn sie in Krisen geraten. Ein Teil von ihnen hätte sich *vor* ihrer Krise vermutlich als gesund bezeichnet. Aber nur weil jemand gut durchs Leben kommt, heißt das nicht, dass er auch eine gute Beziehung zu sich selbst hat.

Von psychischer oder seelischer Gesundheit zu sprechen, wenn eine enge und gute Beziehung zu sich selbst nicht vorhanden ist, halte ich für absurd. Denn wenn dieser tiefere Kontakt fehlt, stellt sich doch die Frage: Wessen Leben wird da eigentlich gelebt? Wenn wir uns nicht wirklich kennen, können wir nicht wissen, ob das Leben, das wir leben, uns tatsächlich entspricht oder ob es mehr eine Vorstellung oder eine Erwartung bedient, die andere an uns haben oder hatten. Manchmal überdenken wir unsere Prioritäten leider erst dann, wenn die Zeit knapp wird.

Der brasilianische Dichter Ricardo Gondim hat ein wunderschönes Gedicht dazu geschrieben mit dem Titel »Die Zeit, die flieht«. Darin geht es um die Erkenntnis, wie wertvoll das eigene Leben ist, und wie wichtig die Entscheidung, wie und mit wem ein Mensch seine Zeit nutzen möchte. Er endet mit dem Satz, der durchaus eine Aufforderung für uns sein kann, uns unserem Wesenskern, unseren Wünschen und Vorstellungen anzunähern: »Wir haben zwei Leben und das zweite beginnt, wenn du merkst, dass du nur eines hast.«

Zusammenfassung

- Durch Macht-Ohnmacht-Erlebnisse in der Kindheit wird unsere Würde angegriffen. Das lässt sich auch bei einer »normalen« Kindheit nicht vermeiden. Diese Erfahrungen bereiten den Boden, auf dem unsere Urwunde entsteht.

» Obwohl es noch nie zuvor so viele Unterstützungsmöglichkeiten gab, wächst die psychische Not. Der Grund dafür sind die unbewussten Macht-Ohnmacht-Dynamiken, die in unserem Schutzprogramm wirken.
» Von einer psychischen oder aber seelischen Gesundheit zu sprechen, die eine tiefe und gute Beziehung zu sich selbst nicht miteinschließt, ist völlig absurd. Denn ohne einen tieferen Kontakt zu uns selbst stellt sich natürlich die Frage: Wessen Leben leben wir eigentlich?

Die Vergebungslüge

In sehr jungen Jahren verfügen wir noch nicht über ein Ich-Bewusstsein. Dies entwickelt sich erst im Alter von etwa 18 Monaten. Dennoch empfinden wir bereits Ohnmachtserlebnisse, auch wenn wir sie nicht bewusst als solche einordnen können. Dies geschieht beispielsweise dann, wenn ein Kleinkind immer wieder lange schreit, ohne dass jemand kommt und liebevoll auf es reagiert. Sich als bedürftig und ausgeliefert zu erleben und nicht respektvoll behandelt zu werden trifft unsere Würde. Die Folge ist ein Sturm an Gefühlen. Unsere Mutter oder unser Vater muss es nicht mal böse meinen. Es kann sein, dass ein Elternteil aufgrund seiner eigenen fehlenden Beziehung zu sich selbst unsere kindlichen Signale gar nicht wahrnehmen *kann*.

Dies ändert aber nichts an unserer Situation. Es verhält sich wie mit zwei Straßen, die unabhängig voneinander verlaufen. Zum einen ist da die Straße unserer Bezugspersonen: Was ist ihnen überhaupt möglich und was nicht? Und zum anderen unsere eigene Straße: Was benötigen wir als Kind und was macht die Notsituation mit uns?

Bei der Annäherung an unsere Biografie geht es darum, diese Straßen gut getrennt zu halten. Ansonsten landen wir in emotionalen Sackgassen. Damit sich in uns etwas befreien kann, ist es notwendig, sich erst einmal *ganz* in die Schuhe unseres verletzten inneren Kindes zu stellen, anstatt aus dem geliebten Kind heraus sofort die Schuhe unserer Eltern anzuziehen. Das geliebte Kind in uns wird unsere Eltern immer verteidigen wollen. Das gehört zu seinen Aufgaben und damit ist nichts verkehrt. Aber nur wenn uns dies auffällt, können wir verhindern, dass wir ihm das Steuer überlassen. Ich möchte noch einmal wiederholen: Auch das geliebte Kind hängt in der Macht-Ohnmacht-Schleife von früher fest. Es ist, wie ich im zweiten Teil dieses Buchs beschrieben habe, genauso in Not wie das ungeliebte Kind. Nur viel versteckter. Sein Bestreben hat immer mit Kontrolle zu tun, da es meint, uns dadurch Sicherheit geben zu können. Die Wurzel von Kontrolle ist jedoch Angst. Deshalb gehe ich sogar noch weiter und wage die Behauptung: Ein wirklich tiefes – das heißt uns als gesamtes Wesen umfassendes – Mitgefühl für die Situation unserer Eltern könnte nur aus einer vorab bedingungslosen Loyalität zu unseren verletzten Kindseiten entstehen. Dazu gehört auch, die Verwundungen des inneren Kindes durch Macht-Ohnmacht-Erlebnisse wahrnehmen zu lernen und ernst zu nehmen. Ich empfehle dringend, den Impuls bei sich zu überprüfen, den Eltern verzeihen oder vergeben zu *wollen*. Vergebung kann man nicht *machen*, sie geschieht. Und zwar dann, wenn sie innerhalb eines Prozesses geschehen *will*. Es gibt kein »Du musst!« oder »Du solltest!« dabei. Das ist sehr wichtig.

Durch Seminare oder Kurse Vergebung anzustreben halte ich für einen der gewaltvollsten Schritte, die wir unserem verletzten inneren Kind antun können. Ich würde angesichts solcher Verzeihungs- oder Vergebungsbemühungen anraten, sich erst einmal zu fragen, welche Motivation dahintersteckt. Denn nicht selten ist es die tiefer liegende Angst, keinen Frieden finden zu können, wenn wir nicht verzeihen. Innerer Friede und Angst gehen jedoch nicht zusammen. Um den Weg für einen *wirklichen* inneren Frieden zu ebnen, müssten wir uns dieser Angst in uns widmen, statt uns mit Verzeihen zu beschäftigen. Wenn Verzeihen während eines Prozesses in uns aufkommt, brauchen wir kein Seminar dafür, es entsteht dann natürlicherweise. Und wenn es nicht geschieht, ist es genauso richtig. Dann ist es nicht für uns dran. Das verhält sich wie mit einem realen Kind: Wenn unser Sohn oder unsere Tochter emotional oder physisch verletzt wurde, können wir vielleicht den Menschen verstehen, der das getan hat, und auch Mitgefühl für die Tragik seiner Geschichte empfinden. Aber wenn wir unser Kind wirklich lieben, sind wir aufgefordert, uns in tiefer Loyalität an seine Seite zu stellen. Alles andere wäre Verrat.

Eine Frage, die beim Streben nach Vergebung und Verzeihen hilfreich sein kann, hängt damit zusammen, ob unsere Eltern uns überhaupt um Verzeihung *gebeten* haben? Denn wenn jemand dies nicht tut, ist ihm oder ihr gar nicht bewusst, worum es eigentlich geht. In dem Fall hat keine Bewusstseinsentwicklung bei dieser Person stattgefunden. Und dies würde im Umkehrschluss bedeuten: Wären wir jetzt, in diesem Moment, noch einmal Kind, würde sich das damals Erlebte genauso wiederholen.

Der Irrtum besteht darin, dass wir uns innerhalb unseres Schutzprogramms immer nur im »Entweder-oder-Modus« bewegen können. Entweder wir lehnen unsere Eltern ab oder wir lieben und verstehen sie. Da wir nie nur *eine* Persönlichkeitsseite in uns haben, könnte jedoch auch beides in uns nebeneinanderstehen. Zu sagen, wir sind heute erwachsen und können deshalb unsere Eltern in ihrer eigenen Geschichte besser verstehen und mitfühlend mit ihnen sein, kann selbstverständlich stimmen. Aber es ist in Bezug auf das Verzeihen kein starkes Argument. Denn die erwachsene Instanz in uns, die zum mitfühlenden Verstehen in der Lage ist, hat das Problem mit unseren Eltern nicht, sondern das verletzte Kind in uns. Es hat noch nie erleben können, dass sich jemand ganz an seine Seite stellt.

Dass es Beistand hat. Ohne diese Erfahrung können seine Wunden aber nicht heilen. Heute können es nicht mehr unsere Eltern sein, die dem verletzten Kind in uns den benötigten Beistand geben. Ansonsten würden wir, wie früher als Kind, immer weiter Wartende bleiben und damit in der Macht-Ohnmacht-Schleife festhängen. Heute können allein wir selbst dieser Beistand sein, das Kind hat nur uns. Aber das ist das Wertvollste. Denn niemand ist so nah an ihm dran, wie wir selbst.

Solange wir nicht zutiefst loyal gegenüber unseren verletzten Kindseiten in uns sein können – was auch den Mut bedeutet, für sie, und zwar egal vor wem (!), bedingungslos einzustehen –, agieren wir bei allem aus dem geliebten Kind heraus, was wir in Hinblick auf Verzeihen oder Vergeben anstreben. Damit wiederholen wir die Gewalt von früher. Wir setzen damit unbewusst die Macht-Ohnmacht-Verletzung von damals in Eigenregie fort.

Die folgende Übung soll Ihnen nun dabei helfen, mehr über die versteckte kindliche Loyalität zu Ihren Eltern herauszufinden. Bitte halten Sie für diese Übung auf der nebenstehenden Seite etwas zum Schreiben bereit.

ÜBUNG

1. Notieren Sie bitte in der Mitte eines leeren Blattes Papier die Wörter »Eltern verzeihen« und kreisen Sie diese beiden Wörter ein. Ungefähr so:

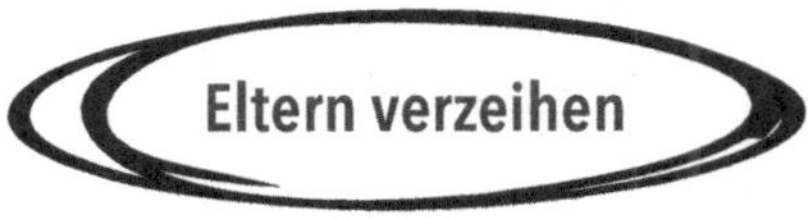

2. Lassen Sie nun von hier aus Striche abgehen, die zu Sätzen führen, die Sie ganz spontan assoziieren. Wichtig ist, nicht lange nachzudenken. In etwa so:

3. Wenn Sie alles aufgeschrieben haben, was in Ihnen aufgekommen ist, schauen Sie sich die abgeleiteten Sätze noch einmal an.
4. Welche sind für Sie überraschend? Kreisen Sie diese Sätze nun ein.
5. Welche der eingekreisten Sätze stehen in Verbindung mit der Loyalität zu Ihren Eltern? Bitte markieren Sie diese.
6. Wann immer Sie in den nächsten Tagen Zeit und Ruhe haben, lassen Sie diese entsprechend markierten Sätze auf sich wirken. Notieren Sie sich immer wieder, was dazu in Ihnen aufkommt. So können Sie sie besser kennenlernen.

Zusammenfassung

» Damit wir heilen können, ist es unerlässlich, sich ganz und gar in die Schuhe unseres verletzten inneren Kindes zu stellen.

» Wirklich tiefes Mitgefühl für die Situation unserer Eltern kann nur aus einer vorab bedingungslosen Loyalität zu unseren verletzten Kindseiten entstehen.

» Vergebung kann man nicht machen. Vergebung geschieht.

» Durch Seminare oder Kurse Vergebung anzustreben, ist einer der gewaltvollsten Schritte, die wir unserem verletzten inneren Kind antun können.

- » Die erwachsene Instanz in uns, die zum mitfühlenden Verstehen in der Lage ist, hat kein Problem mit unseren Eltern, sondern das verletzte Kind in uns.
- » Solange wir aus dem geliebten Kind heraus Verzeihen und Vergebung anstreben, setzen wir die Macht-Ohnmacht-Verletzung unserer Biografie in Eigenregie fort.

Zu viel für einen kleinen Körper

Da Menschen nur weitergeben können, wie sie sich selbst zu begegnen in der Lage sind, gibt es im Leben jedes Kindes viele Situationen, in denen es in seiner emotionalen Ganzheit abgewiesen wird. Jeder kennt solche Macht-Ohnmacht-Erlebnisse. In meinen Seminaren sage ich manchmal scherzhaft: Selbst wenn unsere Mutter und auch unser Vater erleuchtet waren, die Menschen in unserem Kindergarten waren es mit großer Wahrscheinlichkeit nicht. Es bleibt nicht aus, dass wir als Kinder durch Macht-Ohnmacht-Erlebnisse verletzt werden. Denn in letzter Konsequenz sind die Kinder gegenüber den Erwachsenen im Hinblick auf ihre emotionale Bedürfniserfüllung immer unterlegen.

Diese Machtlosigkeit geht mit einer Vielzahl von Gefühlen einher. Das könnte – um beim Beispiel des schreienden Kleinkindes zu bleiben – die Angst sein, wegen der Unterversorgung sterben zu müssen, eine tiefe Traurigkeit, weil wir uns mutterseelenallein fühlen, und eine starke Wut, dass andere zwar die Macht haben, sich aber nicht um uns kümmern. Wir mögen als kleines Kind vielleicht noch keine Worte wie Wut oder Angst kennen, aber wir spüren diese Gefühle bereits.

Sind wir etwas älter und konnte sich unser Ich-Bewusstsein schon entwickeln, können Macht-Ohnmacht-Dynamiken in Konfliktsituationen auftreten, in denen wir uns zutiefst ungerecht behandelt fühlen, aber nicht über die Macht verfügen, für uns selbst ausreichend einzustehen. Als Kinder sind wir abhängig von unseren Eltern oder anderen Erwachsenen, daher haben wir im Konfliktfall in der Regel keine andere Möglichkeit, als irgendwann dem Willen der Erwachsenen nachzugeben. Zumindest nach außen. Denn in unserem Inneren geschieht, wie wir gleich noch sehen werden, etwas anderes. Die Seiten in uns, die sich angegriffen, vielleicht sogar gedemütigt oder verraten fühlen, lösen sich nicht einfach auf. Auch dann nicht, wenn nach außen alles wieder in Ordnung zu sein scheint.

Nach meiner Erfahrung sind in den Situationen, in denen wir uns ausgeliefert und daher angegriffen fühlen, Angst, Traurigkeit und Wut immer *gleichzeitig* vorhanden. Bei manchen Menschen kommen Scham oder Ekel hinzu. Dieser Sturm der Gefühle, von dem ich schon kurz sprach, ist für Kinder nicht zu handhaben. Dies liegt unter anderem daran, dass die unterschiedlichen Gefühle verschiedene »Spannungsrichtungen« mit sich bringen. Angst löst zum

Beispiel eine Bewegung in uns aus, die uns zusammenziehen lässt (eine Kindseite in uns, die sich schützen möchte), während Wut eine Kraft ist, die nach außen drängt (eine Kindseite in uns, die angreifen beziehungsweise sich wehren möchte). *Physiologisch* sind es zwei stark entgegengesetzte Bewegungsrichtungen, die sich vollziehen möchten. *Emotional* handelt es sich um zwei verschiedene Kindseiten in uns mit unterschiedlichen Bedürfnissen. Für unser Inneres ist dies so, als würden wir gleichzeitig das Gas- und das Bremspedal treten, was einen kleinen Körper völlig überfordert.

Erlaubte, geduldete und verbotene Gefühle

Um unsere psychische Gesundheit in solch schwierigen Situationen bewahren zu können, müssen wir eine Lösung für die Überlastung in uns finden. Wie im ersten Teil dieses Buchs, »Die Urwunde«, beschrieben, vollziehen Kinder an dieser Stelle eine Meisterleistung. Sie entwickeln unbewusst eine emotionale Ich-Identität, die auf das geliebte Kind ausgerichtet ist. Dadurch teilen sie automatisch ihre Gefühle und Emotionen in drei Gruppen ein, die ihnen helfen, mit ihren Macht-Ohnmacht-Erlebnissen umzugehen:

- erlaubte Gefühle und Emotionen
- geduldete Gefühle und Emotionen
- verbotene Gefühle und Emotionen

Alles, was ich im Weiteren über diese Gruppen schreiben werde, gilt gleichzeitig für die Gedanken und Überzeugungen, die jeweils mit ihnen einhergehen.

Erlaubte Gefühle und Emotionen

Diese Gruppe umfasst alle Gefühle und Emotionen, die wir aus unserer Geliebten-Kind-Identität heraus haben dürfen und aus dieser heraus auch haben sollten. In der Regel dienen sie dazu, Anerkennung zu bekommen und Kontakt zu halten. Eines dieser Gefühle ist zum Beispiel die Freude.

Geduldete Gefühle und Emotionen

Die geduldeten Gefühle und Emotionen möchte ich Ihnen gern an Lisas Beispiel erläutern. Erinnern Sie sich noch, dass es für Lisa sehr schlimm war, depressiv zu sein? Sie fühlte sich von ihrem ungeliebten depressiven Kind im Alltag stark gestört und an einem freien Leben gehindert. Aber obwohl sie sehr darunter litt, *gefährdete* die Depression nicht ihr Schutzprogramm. Im Gegenteil: Durch ihre Depression konnte der für das Schutzprogramm notwendige Kampf zwischen ihrem geliebten Kind (»Die Depression muss weg! Ich möchte endlich frei leben können!«) und ihrem depressiven ungeliebten Kind unbewusst weitergehen. Denn Lisas Aufmerksamkeit wurde immer wieder darauf gelenkt. So konnte der Schutzaspekt – durch den ewigen Kampf nicht mit der tiefer gelegenen Urwunde in Kontakt treten zu müssen – aufrechterhalten bleiben. In den Augen ihres geliebten Kindes hatte das depressive Kind keine »Daseinsberechtigung«. Aber als wichtiges Element für den beständigen Kampf als Teil ihres Schutzprogramms hatte es einen zentralen Wert und dadurch ein »Duldungsrecht«.

Geduldete Gefühle und Emotionen umfassen demnach alle psychischen Empfindungen, die sich bei den Macht-Ohnmacht-Erlebnissen unserer Kindheit *innerhalb* unseres Überlebensprogramms einordnen konnten.

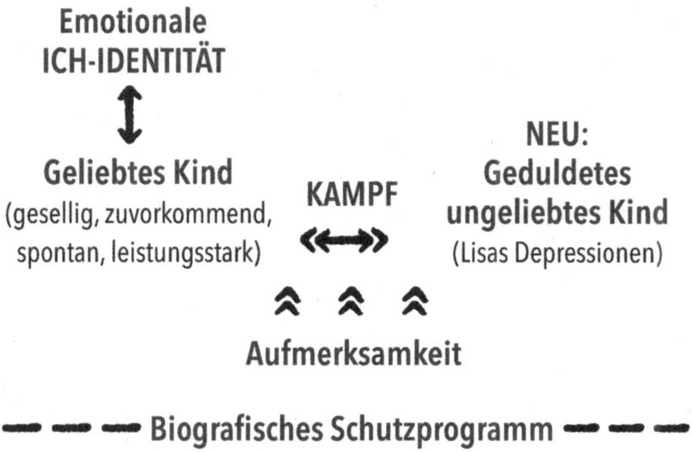

Auch wenn sie uns sehr viel Leid bringen können: Unsere *geduldeten* Gefühle und Emotionen können für unsere Identität gemäß dem geliebten Kind zwar sehr herausfordernd sein, sie vermögen sie aber nie zu sprengen. Dieses Potenzial hat die Gruppe der *verbotenen* Gefühle und Emotionen.

Verbotene Gefühle und Emotionen

Sie sind mit der Urwunde verbunden und umfassen alle psychischen Empfindungen, die wir aufgrund der Macht-Ohnmacht-Dynamik sehr tief in uns verbannen mussten, um als Kind unsere psychische Gesundheit zu bewahren. Darunter zählen unter anderem tiefste existenzielle Ängste oder sehr starke Aggressionen, die wir während der Macht-Ohnmacht-Erlebnisse in unserer Kindheit gefühlt haben, aber nicht in unserem kleinen Körper beheimaten konnten. Bei Lisa gehörte zu ihren verbotenen Emotionen zum Beispiel das egoistische und rachesuchende ungeliebte Kind, von dem ich im Kapitel »Die versteckten Perlen« sprach. Es stand für alles, was Lisa aus ihrer damaligen emotionalen Ich-Identität heraus sehr stark verurteilend ablehnte. Diese Emotionen hatten nicht nur kein Daseins-, sondern auch kein Duldungsrecht. Denn sie hatten die Kraft, Lisas Bild von sich selbst – wie sie glaubte zu sein und damals auch unbedingt sein wollte – zu gefährden.

Zu Beginn unserer Zusammenarbeit wusste Lisa nichts von diesem zutiefst verletzten, sehr wütenden und machtvoll fordernden Kind in ihr. Ein Stück weit ausleben konnte es sich nur, wie zuvor beschrieben, durch Lisas emotionales Essproblem. Es brauchte Zeit, bis das verbannte, ungeliebte Kind durch den schrittweisen Ausstieg aus dem Schutzprogramm nach und nach auftauchte. Aber irgendwann zeigte sich diese Persönlichkeitsseite auf Lisas innerem Radar deutlich. Und so wie bei einem realen völlig verwahrlosten Kind, das schlecht riecht, um sich beißt und voller Misstrauen ist und dabei doch eigentlich die ganze Zeit mit umgedrehten Vorzeichen »Hilfe!« ruft, war es auch bei diesem inneren Kind. Erst als Lisa lernte, auch *diese* ungeliebte Kindseite innerlich auf eine Weise zu begleiten, die nicht ihr Schutzprogramm bediente, war es ihr möglich, das große Geschenk zu erkennen, das in ihm steckte: Der Drang nach gesunder Selbstbestimmtheit und ein wichtiger Schritt bei der Zurückerlangung ihrer innersten Autonomie.

Zusammenfassung

- » Die Seiten in uns, die sich in unserer Kindheit innerhalb der Macht-Ohnmacht-Erlebnisse angegriffen, gedemütigt oder verraten fühlen, lösen sich in uns nicht einfach auf. Auch dann nicht, wenn nach außen alles wieder in Ordnung zu sein scheint.
- » In Situationen, in denen wir uns als Kind ausgeliefert und daher angegriffen fühlen, treten Angst, Traurigkeit und Wut, manchmal auch Scham und Ekel, immer gleichzeitig auf. Es entsteht ein Sturm an Gefühlen, den wir nicht handhaben können.
- » Um mit den Macht-Ohnmacht-Erlebnissen umgehen zu können, teilen Kinder unbewusst ihre Gefühle und Emotionen in erlaubte, geduldete und verbotene ein.
- » Erlaubte Gefühle und Emotionen entsprechen dem geliebten Kind, geduldete Gefühle und Emotionen dem ungeliebten Kind, das dem geliebten Kind innerhalb des Schutzprogramms im Kampf direkt gegenübersteht. Verbotene Gefühle und Emotionen sind mit dem ungeliebten Kind verbunden, das zur Urwunde gehört.
- » Das geduldete ungeliebte Kind hat innerhalb des Schutzprogramms ein Duldungsrecht. Für das verbotene ungeliebte Kind, das sich unterhalb unseres Schutzprogramms befindet, gilt dagegen noch nicht einmal ein Daseinsrecht.

Zwei Arten von ungeliebten Kindern

Beim Aufbau unseres biografischen Schutzprogramms bilden sich somit genau genommen zwei Arten von ungeliebten Kindern heraus:

- das geduldete ungeliebte Kind, das innerhalb unseres Schutzprogramms im Kampf dem geliebten Kind gegenübersteht, und
- das verbotene ungeliebte Kind, das zur Urwunde gehört und durch das Schutzprogramm auf Abstand gehalten werden kann.

Wie wichtig es sein kann, diese beiden Anteile in sich zu unterscheiden, sehen wir vor allem bei sehr hartnäckigen Symptomen, die uns zu schaffen machen. Lassen Sie uns hierfür auf eine Dynamik schauen, die vermutlich viele Menschen kennen – auch wenn die Symptome unterschiedlich sind. Nehmen wir dafür ein fiktives Ehepaar und nennen die Personen Herr und Frau Sommer. Beide sind Raucher und möchten es nicht mehr sein. Ihre Selbstversuche, von den Zigaretten loszukommen, funktionierten immer nur kurzfristig.

Beide haben sich nun zu einem Kurs angemeldet, um es mit professioneller psychologischer Hilfe noch einmal zu probieren. Und tatsächlich: Mit der angebotenen Methode gelingt es Frau Sommer nach einiger Zeit, das Rauchen zu lassen. Bei Herrn Sommer jedoch funktioniert es weiterhin nicht. Er ist deshalb sehr enttäuscht. Obwohl sich beide gleich angestrengt haben, waren seine Bemühungen nicht

von Erfolg gekrönt. Er fühlt sich als Versager und empfindet Scham. Doch damit, ihm zu sagen, seine Frau habe es auch geschafft und er müsse sich beim nächsten Mal einfach nur mehr anstrengen, tut man ihm Unrecht.

Herr Sommers Suchtstruktur ist anders gelagert als die seiner Frau. Sein ungeliebtes Kind, das sich über die Suchtstruktur »Rauchen« zeigt, gehört zur Gruppe der *verbotenen* Emotionen. Seine biografischen Verletzungen, die sich beim Suchtdruck melden, weisen *direkt* in Richtung Urwunde. Sie gehen existenziell tief. Da er innerhalb seines biografischen Schutzprogramms nicht in diesen Bereich vordringen kann, wird er auf dem bisher eingeschlagenen Weg seine Abhängigkeit nicht lösen können. Bei seiner Frau ist es anders. Ihr ungeliebtes Kind, das in Verbindung mit dem Rauchen steht, gehört zur Gruppe der *geduldeten*

Emotionen. Die Verwundungswurzeln dieser Persönlichkeitsseite ragen nicht bis in die Urwunde hinein. Deshalb kann sich Frau Sommer ihrer Rauchsucht leichter annähern. Am Leidensdruck hätte man den Unterschied zwischen der Suchtstruktur von Herrn und Frau Sommer nicht erkennen können; beide fühlten sich dem Druck zu rauchen stark ausgeliefert. Woran er aber erkennbar wird, sind der scheinbar unüberwindbare Widerstand, trotz verschiedenster Behandlungsversuche vom Suchtmittel zu lassen, und das sehr stark ausgeprägte Empfinden von Vergeblichkeit, das mit den Bemühungen einhergeht.

Zusammenfassend lässt sich sagen: *Geduldete* ungeliebte Kinder können innerhalb des Schutzprogramms eine Besserung erfahren, *verbotene* ungeliebte Kinder nicht. Ein Satz des deutschen Philosophen Theodor Adorno – »Es gibt kein richtiges Leben im falschen« – greift meine Erfahrung hierzu auf. Ungeachtet dessen, was wir innerhalb unseres Schutzprogramms zu lösen versuchen, die tiefer liegende unerlöste Macht-Ohnmacht-Dynamik unserer Urwunde gibt auf längere Sicht bei den meisten Menschen keine Ruhe. Sehr häufig sucht sie sich immer wieder neue Wege. Schauen wir uns für diesen Fall noch einmal Frau Sommer an. Denn viele Menschen, die zu mir kommen, haben sehr Ähnliches erlebt wie das, was ich im Folgenden beschreibe.

In den ersten zwei Wochen ist Frau Sommer unendlich froh darüber, endlich von der Last zu rauchen befreit zu sein. Aber dann beginnt sie, vermehrt zu essen. Vom Erfolg der Raucherentwöhnung getragen, versucht sie, diese Methode nun auch bei ihrem Essproblem anzuwenden. Aber das klappt nicht. Jede Anstrengung, die sie unternimmt, ihre Esssucht in den Griff zu bekommen, scheitert. Die Kilos wandern unaufhaltsam weiter auf ihre Hüften. Die Erfahrung, die ihr Mann zuvor mit dem Rauchstopp machte, erlebt Frau Sommer nun beim Essen. Denn ihr emotionales Essen hat nichts mit ihren *geduldeten,* sondern mit ihren *verbotenen* ungeliebten Kindern zu tun. Da sie zunehmend verzweifelt ist, überlegt sie sogar, wieder mit dem Rauchen anzufangen, denn offensichtlich konnte sie durch das Rauchen ihren Essdruck kontrollieren. Glücklicherweise lässt sie diesen Gedanken wieder fallen, sie weiß, dass dies keine Lösung ist. Dass sie beim Drang, vermehrt essen zu wollen, in der Vergangenheit oft zur Zigarette gegriffen hat, war ihr schon früher aufgefallen. Ihre Hoffnung war daher, dass mit der Raucherentwöhnung auch der verstärkte Essdrang behandelt würde.

Dem war aber nicht so. Warum? Weil die Emotionen, die mit Frau Sommers Essproblem verbunden sind, sehr viel tiefer gehen als die ihrer Rauchsucht. Die Esssucht gehörte als Anteil des verbotenen ungeliebten Kindes in deren Hoheitsgebiet. Man könnte sagen: Das Rauchen war dem emotionalen Essen vorgelagert. Über das Rauchen hat Frau Sommer ihren Drang, ohne Hunger essen zu wollen, ersatzweise »bedient«. Wenn sie Essdruck hatte, griff sie zur Zigarette. Deshalb fiel es ihr unter den für sie neuen Bedingungen mit professioneller Hilfe nicht schwer, das Rauchen bleiben zu lassen. Beim emotionalen Essen funktioniert dies aber nicht. Mit den Kontrollbemühungen ihres geliebten Kindes kann sie bezüglich *dieser* Suchtstruktur keine Heilung erfahren. Frau Sommer probiert noch weitere psychologische Herangehensweisen aus, ihr Essproblem schleicht sich jedoch immer wieder ein. Alle Ansätze, die sie aussucht, bedienen nur immer wieder aufs Neue ihr geliebtes Kind und damit ihr Schutzprogramm.

Es gibt Menschen, die eine Sucht gegen eine andere eintauschen können. Mit dem einen Suchtmittel können sie dann besser leben als mit dem anderen. Zum Beispiel sehr intensiv Sport zu treiben, statt emotional zu essen, oder auch die fixierte Beschäftigung mit Ernährung. Abgesehen davon, dass den meisten Menschen dieser Suchttausch nicht gelingt, geht er am eigentlichen Problemkern vorbei. Denn die Wunde in der Tiefe blutet weiter. Wir haben uns dann lediglich – gemäß unserem Schutzprogramm – unserem geliebten Kind wieder gut anpassen können.

Damit wir uns bitte nicht falsch verstehen: Gesunde Ernährung und Sport sind etwas Wunderbares! Aber wenn Kontrolle und damit Angst der tiefere Antrieb dafür sind, wiederholen wir den Verwundungskreislauf unserer Kindheit. Wir verbannen zugunsten eines bestimmten Vorstellungsbildes (wie wir meinen, sein zu müssen) unsere tiefere Wahrheit (wer wir jenseits dieses vorgegebenen Vorstellungsbildes eigentlich sind). Es findet dann auf der *emotionalen* Ebene keine Entwicklung statt. Wir verlieren vielleicht äußerlich an Gewicht, aber unser psychisches Gewicht, unsere biografischen Kilos, bleiben unverändert.

Ob wir unserem geliebten Kind folgen, zeigt die Antwort auf die Frage, inwiefern wir frei wählen können. Bekommen wir – um bei dem Beispiel zu bleiben – bei der Vorstellung, unser Sportprogramm oder unsere Ernährung nicht durchzuführen, Angst, wieder zuzunehmen? Könnten wir einige Zeit darauf verzichten? Falls bei dem Gedanken keine Angst vor einer Gewichtszunahme in uns auftaucht, ist das wunderbar. Dann haben wir bei dem, was wir tun, eine freie Wahl. Falls wir jedoch Angst bekommen, werden wir nach wie vor von einer Suchtstruktur bestimmt. Jetzt nur von einer, die uns besser gefällt oder die gesellschaftlich anerkannter ist. Wir sind dann immer noch gefangen in einer Sucht.

Das innere Hoheitsgebiet

Sowohl unsere verbotenen als auch unsere geduldeten ungeliebten Kinder konnten noch nie die Erfahrung machen, Kontakt zu jemandem zu haben, der sie genauso würdigt und annimmt, wie sie sind. Sie erlebten Beziehung nur als Macht-Ohnmacht-Dynamik. Bekannt ist für sie die Situation, dass sie mit Härte oder vermeintlichem Wohlwollen zugunsten eines bestimmten Vorstellungsbildes verändert werden sollen. Bei den *verbotenen* ungeliebten Kindern kommt noch etwas Entscheidendes hinzu: Unser Schutzprogramm verhindert nicht nur den Kontakt zu diesen Persönlichkeitsseiten in uns, sondern unter ihnen sind auch Seiten, die *von sich* aus keinen Impuls mehr in sich tragen, in die Welt zurückzukehren. Zu stark war für sie zu Beginn ihres Lebens die Erfahrung, was der Umgang mit anderen Menschen fordert. Für sie ist die Welt ein gefährlicher Ort und jede Person ein potenzieller Verletzer. Es sind Seiten in uns, die sich vom Leben, von der Welt oder von Gott – ganz gleich, wie man es nennen mag – zutiefst verraten fühlen. Bildlich gesprochen könnte man sagen: Diese Kindseiten in uns haben sich vor vielen Jahren in ein inneres Hoheitsgebiet zurückgezogen.

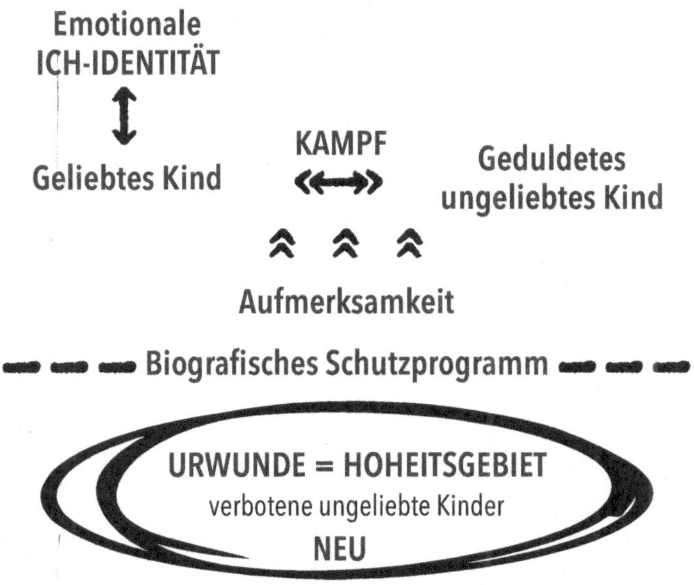

Für dieses Hoheitsgebiet – und deshalb verwende ich bewusst diesen Begriff – hat niemand einen Schlüssel außer uns selbst. Denn es handelt sich hierbei nicht nur um *verdrängte* Persönlichkeitsseiten von uns, sondern darüber hinaus um von der Welt vollkommen *abgekehrte* Seiten.

Dieser Unterschied ist sehr wichtig. Wir wundern uns sonst, weshalb sich durch psychologische Bemühungen vieles in unserem Leben schon verändern konnte, manches sich jedoch im Kern überhaupt nicht bewegt. Das Hoheitsgebiet können wir nicht ohne Weiteres betreten, denn die abgekehrten Kindseiten in uns trauen niemandem. Jeder Mensch – und solange wir uns über das geliebte Kind in uns identifizieren, auch wir selbst – stellt für diese verletzten Seiten einen potenziellen Aggressor dar, der versucht, Macht über sie auszuüben. Daher dürfen wir nicht vergessen, dass das versteckte Credo unseres inneren geliebten Kindes lautet: »Sei so, wie ich dich haben will, dann ist alles gut. Dann bist du richtig! Pass dich mir an.« Nachdem es aber diese oder eine ähnliche machtausübende Haltung war, die unsere verbotenen ungeliebten Kinder zur Flucht und Abkehr bewegten, bräuchte es ein vollkommen anderes emotionales Klima in uns selbst, um sich diesen zutiefst verletzten Kindseiten im Hoheitsgebiet annähern zu können. Ansonsten wird uns der Zutritt in ihre Welt für immer verwehrt bleiben. In aller Regel wissen wir dann nicht einmal, dass es diese Seiten überhaupt gibt. Aber wir spüren ihre Ausläufer, unsere hartnäckigsten wiederkehrenden psychischen oder körperlichen Symptome.

Um ihre Bedürfnisse anzubringen, haben sich unsere verbotenen ungeliebten Kinder eine Ersatzwelt geschaffen – beispielsweise über bestimmte Suchtmittel. Die nicht erlöste Angst, der nicht erlöste Schmerz und auch die nicht erlöste Wut werden auf Ersatzbühnen versorgt beziehungsweise ausgelebt. Qualitäten wie Trost, Entspannung, Ruhe oder Genuss können auf diese Weise unabhängig von anderen Menschen erfahren werden. So besteht keine Gefahr, jemals wieder derart tief verletzt zu werden. Diese Persönlichkeitsseiten in uns sagen zu den an sie gestellten Erwartungen nicht – wie die *geduldeten ungeliebten* Kinder –: »Ich kann nicht! Es ist mir zu viel!«, sondern äußerst vehement: »Ich will nicht!«.

Ganz gleich, was wir aus unserem geliebten Kind heraus auch versuchen, diese verbotenen ungeliebten Kinder werden sich unserem Willen nicht beugen. Aus der Identität des geliebten Kindes heraus sind sie als die Symptome oder Widerstände wahrnehmbar, die sich auf Teufel komm raus nicht bekehren oder »retten« lassen. Von einer anderen Warte aus betrachtet, sind die rebellischen Seiten unseres Hoheitsgebiets diejenigen, die vor vielen Jahren nicht gebrochen wurden. So verrückt es angesichts des Leidendrucks, den wir durch sie erfahren können, auch klingen mag: Diese Kindseiten haben sich ihre *emotionale* Autonomie bewahrt. Das Problem ist jedoch: Auch wenn sie sich in Ersatzwelten arrangiert haben, blutet ihre biografische emotionale Verletzung weiter. Sie hängen in der kindlichen Macht-Ohnmacht-Schleife fest.

Besondere Kritiker

Da *jede* Spannung – auch die durch unsere Emotionen – nach Entladung sucht, zeigen sich die Wirkkräfte unserer verbotenen inneren Kinder trotz unseres Schutzprogramms auch in unserem Alltag. Von den sehr »zähen« wiederkehrenden Symptomen und Widerständen sprach ich bereits. Es gibt aber auch andere Bühnen, auf denen diese Kräfte wirken können. Bei mir zeigte sich beispielsweise die mächtige unerlöste Wut meines Hoheitsgebiets unter anderem durch sehr starke innere Kritiker, denen ich mich in meiner damaligen Geliebtes-Kind-Identität hilflos ausgeliefert fühlte. Warum innere Kritiker entstehen, variiert auf vielfältige Weise. Der tiefste und dadurch am schwierigsten zu »behandelnde« Grund ist jedoch der, der mit unserem Hoheitsgebiet – also mit unserer Urwunde – in Verbindung steht. Die Aggression, die sich aufgrund der Macht-Ohnmacht-Erlebnisse in unserem Inneren angestaut hat, kann über die inneren Kritiker bis zu einem gewissen Punkt ein Ventil finden. Und ganz gleich, ob wir ein Bettler oder ein Präsident sind, niemand kann seinen inneren Kritikern entkommen. Sie gehören zu unserem emotionalen Überlebensprogramm. Deshalb weisen sie immer auch auf eine unerlöste biografische Macht-Ohnmacht-Dynamik hin.

Um unsere inneren Kritiker nicht spüren zu müssen – oder zumindest nicht in ihrer vollen Stärke –, versuchen wir, uns durch ablenkende oder abdämpfende Mittel zu betäuben. Wenn ich mit Menschen arbeite, fällt auf, dass den meisten Betroffenen die Mächtigkeit ihrer inneren Kritiker und damit auch die tiefe Wehrlosigkeit in Hinblick auf das Kreisen in ihrer biografischen Macht-Ohnmacht-Dynamik anfangs häufig nicht bewusst sind. Wir sind zu sehr damit beschäftigt, dem geliebten Kind in uns zu entsprechen und das ungeliebte Kind in uns zu transformieren. Dabei gibt es gar nichts zu transformieren. Allein der Wunsch oder der Versuch dies zu tun, weist auf eine Handlung hin, die durch die Identität des geliebten Kindes bestimmt wird.

Mir ist bewusst, wie verrückt dies klingen mag. Unsere Gesellschaft sieht schwierige Emotionen noch weitestgehend als etwas an, das man aktiv verändern muss, weil es ansonsten keine Besserung geben kann. Während bei den geduldeten Emotionen eine Annäherung auf diese Weise noch möglich ist, beißen wir damit bei den verbotenen Emotionen auf Granit. Wir werden so keinen Zutritt zum Hoheitsgebiet erlangen können. Denn es ist genau andersherum: Erst wenn wir selbst nicht mehr über das geliebte Kind die Position der Macht (»Du musst dich verändern!«) einnehmen und damit unsere biografische Verwundung unbewusst ständig wiederholen, besteht die Möglichkeit, dass das Kreisen in der Macht-Ohnmacht-Schleife in uns nachlässt.

Die aus meiner Sicht sehr verständlichen Narkotisierungsversuche – übermäßiges Fernsehen, ständige Müdigkeit, Machtausübung gegenüber anderen, übertriebener Sex, zu hoher Alkoholkonsum, emotionales Essen und so vieles mehr – bringen wir in der Regel nicht mit dem Feststecken in einer alten Macht-Ohnmacht-Dynamik in Zusammenhang. Insofern ist das ganze Schutzprogramm in sich nahezu genial, würden nicht gerade unsere emotionalen Betäubungsversuche und unsere wiederkehrenden Symptome deutlich machen, dass etwas nicht stimmt.

Jede Emotion, die für uns schwierig ist, kann bei den geduldeten oder den verbotenen ungeliebten Kindern beheimatet sein. An die Emotionen der geduldeten ungeliebten Kinder können wir, wie schon erwähnt, durch eigene psychologische Bemühungen oder – falls wir damit überfordert sind – durch Therapie herankommen. Und ich möchte noch einmal betonen: Auch die geduldeten inneren Kinder können uns unerträgliches Leid bringen. Nicht selten erscheinen sie uns zu Beginn wie verbotene innere Kinder, da sie aus der Sicht des geliebten Kindes heraus ebenfalls nicht sein dürfen. An sie kommen wir *innerhalb* unseres Schutzprogramms aber heran. Die Emotionen der *verbotenen* inneren Kinder, die sehr viel mächtiger sind, erreichen wir jedoch nur dann, wenn wir beziehungsweise unsere Therapeutin nicht aus dem geliebten Kind heraus agiert. Das geschieht aber oft – ganz gleich wie viel Erfahrung jemand mit der Emotionsarbeit hat. Denn das Entscheidende ist nicht die Erfahrung an sich, sondern mit welcher inneren Haltung sie gemacht wird. Mit anderen Worten: Das therapeutische Know-how ist selbstverständlich sehr wichtig, aber es nützt uns nichts, wenn wir uns dem Hoheitsgebiet annähern wollen. Und wenn wir uns selbst aus unserem geliebten Kind heraus begegnen, werden wir auch unseren Klienten in der Therapie keine Brücken in dieses Gebiet bauen können.

Es gibt sehr gute und sehr kompetente Therapeutinnen und Therapeuten, davon können viele Klienten glücklicherweise profitieren. Wenn es aber um den *Ausstieg* aus unserem biografischen Schutzprogramm geht, ist nicht mehr *allein* psychologisches Ausbildungs-Know-how gefragt. Obwohl ich noch einmal unterstreichen möchte, wie notwendig auch das für eine erfolgreiche Behandlung ist. Und auch wenn ich die Leistung und den Wert eines Doktor- oder Professorentitels keinesfalls abwerten will, an dieser Stelle nützt uns das damit einhergehende Wissen allein nichts. Wie weit wir kommen, hat ausschließlich mit unserem *eigenen* inneren Weg zu tun. Das heißt, ob wir uns unser Hoheitsgebiet erschließen konnten oder nicht. Bewegen wir uns selbst noch in der Identität des geliebten Kindes, werden wir auch nur aus ihr heraus agieren können – ganz gleich, welche Therapieform wir vertreten.

Der bekannte Schweizer Psychologe und Psychiater Carl Gustav Jung schrieb dazu: »Die eigene Dunkelheit zu kennen ist die beste Methode, um mit Schattenseiten anderer Menschen umzugehen.«

Die heilsame Wut

Wie sich eine unerlöste Wut unseres Hoheitsgebiets über die inneren Kritiker ein Ventil suchen kann, möchte ich Ihnen anhand meiner eigenen Biografie schildern. Da Wut in unserer Gesellschaft eine nicht anerkannte Emotion ist, noch kurz eines vorweg: Wenn ich im weiteren Verlauf von Aggression spreche, kann dies für manche Leser befremdlich wirken. Wir kennen diese Art der extremen Wut vor allem als zerstörerische Kraft. Das ist sie aber nur, wenn wir ihr *innerlich* keinen Raum geben. In dem Fall kann sie sich unbewusst ihren Weg nach außen bahnen. In dem Moment, in dem wir sie innerlich kennenlernen, findet keine unkontrollierte Entladung mehr statt. Den Menschen, die einen gesunden Kontakt zu ihrer inneren Wut haben, kann man meiner Ansicht nach viel mehr trauen als denjenigen, die auf einem Pulverfass sitzen, ohne es überhaupt zu wissen. Denn sobald sich die äußeren Umstände ändern, kann die Wut einer Person, die ihre Aggression nicht kennt, wie ein Pulverfass explodieren – wie die Weltgeschichte uns leider schon oft gezeigt hat. Das Problem ist nie die Wut an sich, sondern die fehlende innere Beziehung zu ihr.

Wie so viele Kinder entwickelte auch ich eine starke Fähigkeit, mich in meine Eltern hineinversetzen zu können.

Nur so war es mir möglich, die Situation zuhause psychisch zu überleben. Als ich heranwuchs, weitete sich diese Fähigkeit auf andere Menschen aus. Dass meine damals entwickelte Kompetenz in tiefster emotionaler Not wurzelte, war mir überhaupt nicht bewusst. Da ich keinen Zugang zu dieser inneren Not hatte, projizierte ich sie ständig auf andere Personen. Ich bot, wo immer ich konnte, meine Hilfe an und vergaß mich regelmäßig selbst dabei. Ähnlich wie meine Klientin Lisa hatte auch ich viel Mitgefühl für alle Wesen, nur nicht für mich selbst. Ich *konnte* nicht nur anderen helfen, ich *musste* es. Die Qualität, die in meiner mächtigen verdrängten Wut lag, hätte mir – wie ich erst viele Jahre später erfuhr – eine Abgrenzung ermöglicht. Aber ich hatte zu dieser Wut keinen Zugang. Sie trat jedoch gnadenlos mir selbst gegenüber zutage. Ich beschimpfte und beleidigte mich innerlich auf eine Weise, wie ich es anderen Menschen niemals erlaubt hätte. Jahrelang erkannte ich die Bedeutung der großen Aggression nicht, die in meinen abwertenden Gedanken steckte. Denn aus meiner Identität des geliebten Kindes heraus gab ich meinen inneren Kritikern recht. Wenn sie zum Beispiel sagten, dass ich fett und faul sei, glaubte ich, das sei eine Tatsache. Deshalb strengte ich mich sehr an, um irgendwie wieder »richtig« sein zu können, also dem geliebten Kind wieder zu entsprechen.

Erst als ich erkannte, welch wichtige Rolle die Kritiker innerhalb meines Schutzprogramms spielten, konnte sich mein Blick auf mich selbst langsam verändern. Sie waren wie Grenzwächter, die dafür sorgten, dass ich immer weiter gegen mich kämpfte, und dadurch mein Schutzprogramm aufrechterhielt, um so den *direkten* Kontakt mit meiner Urwunde – also auch zur *Quelle* meiner machtvollen Aggressionen – zu unterbinden. Zu erfühlen, dass meine Kritiker im Kern nicht böse waren, sondern vielmehr als Ventil für eine uralte, sich aufbäumende Wut dienten und so mein emotionales Überlebensprogramm aufrechterhielten, stellte meine damalige Welt auf den Kopf. Ich brauchte Zeit, bis ich das System erkennen und mich darin anders bewegen konnte. Aber dann war es ganz klar. Meine so stark verbannte Wut, die während der Macht-Ohnmacht-Erlebnisse in meiner Biografie entstanden war und die ich als Kind verdrängen musste, zeigte sich unter anderem in Form meiner Kritiker. Statt diese Kraft gegen die damaligen Aggressoren, nämlich meine Eltern, zu richten – was mir als Kind natürlich unmöglich war –, richtete ich sie gegen mich selbst. So konnte ich meine Aggression ein Stück weit ausleben, während ich sie gleichzeitig unbewusst für mein Schutzprogramm nutzte, um die Sprengkraft in der Tiefe unter Kontrolle halten zu können. Gegen mich gerichtet, half mir diese Wut, die in meinen Kritikern gebündelt war, meine emotionale Ich-Identität eines lieben, braven, fleißigen und mitfühlenden Mädchens aufrechtzuerhalten und mich den familiären Verhältnissen anzupassen.

Als ich dann als junge Erwachsene nach meinem Zusammenbruch nicht mehr weiterkonnte und die intensive

Forschungsreise begann, lernte ich, die sehr mächtige Wut in mir befreiend zu begleiten. Im Zuge dessen lösten sich meine vernichtenden inneren Kritiker auf. Für mich war das wie ein Wunder, hatten sie mich doch zeitweilig an den Rand des Suizids geführt. Bis dahin war ich immer nur vor ihnen geflohen oder hatte als junge Erwachsene versucht, ihnen mit verschiedenen Techniken beizukommen. Aber das war unendlich anstrengend gewesen. Erst viel später bemerkte ich, dass all diese Techniken im Grunde nur mein Schutzprogramm bedienten. Durch den Krieg gegen mich erhielt sich mein System selbstständig aufrecht und mein Hoheitsgebiet blieb weiter unentdeckt. Irgendwann fühlte ich, dass diese zuvor völlig verdrängte archaische Wut, die in mir war, genau *die* Kraft war, die ich innerlich brauchte, um die Macht-Ohnmacht-Erlebnisse meiner Kindheit ausgleichen und befrieden zu können. Ich musste zurück auf die innere biografische Bühne, um dort mit *meiner* »Aggressor-Kraft« dem ehemaligen *biografischen* Aggressor begegnen und mich an diesem Punkt gegen ihn ermächtigen zu können.

Hätte mir vor der Entdeckung dieser archaischen Wutkraft jemand gesagt, dass ich eine so stark verdrängte Aggression in mir trage, hätte ich ihm nicht geglaubt. Opfer zu sein war innerhalb meiner damaligen emotionalen Ich-Identität erlaubt, aber *selbst* Aggressor zu sein ganz und gar nicht. Indem ich diesem mächtigen Prozess immer wieder *innerlich* Raum gab, hörte die Aggression irgendwann auf. Es war, als ob sich ab einem bestimmten Punkt ein Ausgleich vollzogen hatte. Als ob jemand, der ein Schwert benutzen *darf*, dies nicht mehr braucht. Ich bemerkte, wie sich durch den *inneren* Ausgleich auch im *Außen* etwas zu befrieden begann. Dank der gesunden emotionalen Selbstermächtigung mussten Kindseiten in mir nicht ständig weiter in Reaktionsschleifen »Nein!« zur Welt sagen. In meinen innersten Tiefen das Recht zurückzuerlangen, aggressiv sein zu dürfen, ließ auch die Seiten in mir absolute Sicherheit finden, die wegen der biografischen Macht-Ohnmacht-Erlebnisse seit so vielen Jahren in Todesangst gewesen waren.

Über die Quelle dieser Angst wusste ich ebenfalls nichts. Ich hatte eine Angststörung, das wusste ich. Und ich erlebte immer wieder Momente sehr großer Angst. Aber wie tief ihre Wurzeln reichten und in welch direktem Zusammenhang sie mit meiner archaischen Wutkraft standen, war mir völlig unklar. Je besser ich diese Aggressionen in mir befreiend kennenlernte, desto mehr verschwand auch meine Angststörung – bis auch sie irgendwann nicht mehr da war. Ich musste nicht mehr versuchen, Sicherheit in mir herzustellen, ich fühlte mich *natürlicherweise* in mir völlig sicher. Ich brauchte nicht mehr darauf zu warten, dass mich jemand im Außen rettete oder mich endlich schützen würde – wie ich es mir davor so oft ersehnt hatte. Ich spürte, dass diese Schutzkraft nun ohne Anstrengung in mir selbst war.

Das veränderte alles. Auch den Kontakt zu Menschen. Ich konnte ihnen auf eine ganz neue Weise nah sein. So wurde die Welt langsam zu einem emotional sicheren Ort für mich. Nicht durch Übungen, mit denen ich bis dahin versucht hatte, Sicherheit zu schaffen – was als Brücke absolut wichtig und notwendig war –, sondern aus der innersten ureigenen Wurzel heraus, die *unterhalb* des Schutzprogramms liegt. Denn erst wenn wir uns außerhalb dieses Rahmens bewegen können, kommen wir nicht nur mit den ungeliebten Kindern in Kontakt, sondern auch mit unserem Wesenskern und damit mit etwas in uns, das unzerstörbar ist. Übungen zur innerlichen Sicherheit können zu Beginn eine sehr wertvolle Basisstütze auf unserem Weg sein, denn ohne Stabilität können wir uns uns selbst nicht zuwenden. Aber die Sicherheit, die entsteht, wenn wir aus unserem Schutzprogramm aussteigen, lässt sich damit nicht vergleichen. Sobald das Hoheitsgebiet durch unsere veränderte innere Haltung langsam seine Tore für uns öffnet und wir uns darin zu orientieren und zu bewegen lernen, erfahren wir eine Sicherheit, die durch Übungen nicht erreicht werden kann. Denn bei Übungen müssen wir etwas »machen«. Sie wirken wie ein Beatmungsgerät, an das wir uns anschließen, damit wir Luft bekommen. Wenn wir zu Beginn nicht anders atmen können, ist eine solche Hilfe absolut notwendig. Doch das lässt sich nicht damit vergleichen, wie es ist, wenn der Sauerstoff ohne Anstrengung, ohne ein Machenmüssen, natürlicherweise in unsere Lunge fließt. Wir brauchen dann nicht mehr wachsam zu sein, um genügend Luft zum Atmen zu bekommen. Wir fühlen uns versorgt.

Nicht nur unser Nervensystem beruhigt sich dann, sondern wir verspüren darüber hinaus eine gesunde *emotionale* Ermächtigung. Es macht nämlich einen großen Unterschied, ob wir den Druck in unserer Brust als Symptom unseres zu hochtourigen Nervensystems nur physisch entladen – was natürlich schon sehr wertvoll ist – oder ob wir uns dabei gleichzeitig *emotional* ermächtigen. Der Druck auf unserer Brust ist nicht nur ein biologisches Relikt des überforderten Nervensystems unserer Kindheit.

Die Macht-Ohnmacht-Erlebnisse in unserer Vergangenheit haben uns nicht nur physisch, sondern vor allem *emotional* getroffen. Unsere Würde wurde in unserer Kindheit verletzt. Deshalb ist es wichtig, den Blick nicht nur auf den physiologischen Aspekt (die Einbeziehung unseres Nervensystems) zu richten, sondern auch stark auf den *emotionalen* Bereich (der Ausstieg aus dem Schutzprogramm). Sonst bleibt die Heilung meiner Erfahrung nach unvollständig. Spannung aus unserem Nervensystem körperlich zu entladen heißt noch nicht, dass wir automatisch auch *emotional* reifen. Denn die grundsätzliche Dynamik unseres Schutzprogramms (das Zusammenspiel unseres geliebten und ungeliebten Kindes) kann davon gänzlich unberührt bleiben. Bringen wir beide Aspekte zusammen, können wir auch *emotional* erwachsen werden. Wir sind dann in unseren inneren Tiefen nicht weiter verletzte Kinder in erwachsenen Körpern.

Zusammenfassung

- Je nachdem, um welche Gruppe der ungeliebten Kinder es sich handelt (geduldete oder verbotene), kann ein Symptom (zum Beispiel eine Suchtstruktur) Besserung erfahren oder nicht. Geduldete ungeliebte Kinder können innerhalb des Schutzprogramms behandelt werden, verbotene ungeliebte Kinder nicht.
- Manche Menschen tauschen lediglich eine Sucht gegen eine andere aus und fühlen sich dadurch besser (zum Beispiel emotionales Essen gegen übermäßigen Sport). Sie bleiben aber dennoch weiterhin Süchtige.
- Ob eine Sucht nur gegen eine andere eingetauscht wurde, zeigt die Antwort auf die Frage, inwiefern wir die Wahl haben, von der Sucht lassen zu können.
- Verbotene ungeliebte Kinder sind nicht nur verdrängte Persönlichkeitsseiten, sondern auch von der Welt vollkommen abgekehrte Seiten.
- Die archaische Wutkraft unserer verbotenen ungeliebten Kinder kann sich in Form sehr mächtiger Kritikern zeigen.
- Spannung aus unserem Nervensystem zu entladen reicht allein nicht aus, zusätzlich ist ein emotionales Reifen notwendig.

Die unentdeckte Kraft

Mein eigenes Hoheitsgebiet zu entdecken war revolutionär. Ich spürte, dass dieser innere Bereich nicht nur aus Wunden bestand, sondern auch ein riesiges Reservoir an Kraft barg. Das war für mich zutiefst berührend, zu Beginn auch verwirrend. Ich kannte bis dahin Kraft nur in Verbindung mit Freude, der ich damals – aus meiner Geliebten-Kind-Identität heraus – immer hoffnungsvoll hinterherjagte. Dass es weitere Facetten und eine tiefere Quelle von Kraft gibt – nämlich eine, die sich auch aus Angst, Schmerz und Wut speisen kann –, erweiterte mein Verständnis vom Fühlen generell. Ich erkannte, wie stark meine Wahrnehmung bis dahin unter der Flagge meines geliebten Kindes gestanden hatte. Mit dem Eintritt in das Hoheitsgebiet entdeckte ich eine andere, revolutionäre Kraft des Fühlens.

Dieses Fühlen war getragen von einer neuen Form von Liebe. Liebe kannte ich nur als Gegenpol von Hass oder etwas Dunklem. Ich brachte sie ausschließlich mit Sanftheit und Helligkeit in Verbindung. Jetzt erlebte ich aber, dass sie jenseits der Polaritäten stand. Sie umrahmte, umfasste und umarmte *jede* Seite in mir. Mir wurde fühlend klar, dass tiefste Liebe gar keinen Gegenpol hat. Solange ich sie noch als Gegenteil von etwas Negativem gesehen und genutzt hatte, instrumentalisierte ich sie zugunsten meines geliebten Kindes. Meine Erfahrung war und ist, dass Liebe zu wirklich *allem* Ja sagt. Sie versucht nicht, etwas zu verändern oder zu transformieren. Auch nicht die Dunkelheit.

Liebe »macht« nicht. Sie ist. Und genau das schenkt und ermöglicht Wandlung. Innerhalb unseres Schutzprogramms erscheint dies paradox, aber außerhalb davon geschieht die tiefste Wandlung erst, wenn wir sie nicht mehr benötigen, da wir schon zu allen Seiten in uns Ja sagen können. Vornehmen kann man sich diese Art von Haltung nicht. Denn sonst würde sie umgehend wieder von unserem geliebten Kind aufgegriffen werden – was leider oft der Fall ist. Sie entsteht automatisch, indem wir lernen, die Seiten in uns, die »machen« und »etwas erreichen« *wollen*, genauso zu erkunden wie alle anderen Seiten in uns auch.

Ein Zuckerguss, der nichts besser macht

Wenn wir aus unserem emotionalen Überlebensprogramm Schritt für Schritt aufwachen und sich unser Blick für die versteckten Macht-Ohnmacht-Dynamiken öffnet, kann sich das zunächst einmal irritierend anfühlen. Denn erst dann nehmen wir wahr, *wie* oft Menschen durch das unbewusste Kreisen in ihrem Schutzprogramm gewaltvoll gegen sich selbst handeln, ohne es überhaupt zu bemerken. Zu Beginn kann es fast ein wenig erschreckend wirken, wie selbst Handlungen, die in unserer Gesellschaft von vielen als liebevoll oder gut angesehen werden, die Macht-Ohnmacht-Schleife unseres Schutzprogramms und damit den Verwundungskreislauf unserer Biografie bedienen. Je öfter wir aus unserem inneren Kreisen aussteigen können, desto klarer spüren und sehen wir die mitunter sehr subtilen und versteckten Macht-Ohnmacht-Strömungen.

Es sagt sich sehr leicht, dass Liebe alles willkommen heißt. Aber wie viele der psychologischen und spirituellen Ansätze geben unseren sogenannten negativen Emotionen *tatsächlich* ein echtes Daseinsrecht? Viele von ihnen beruhen darauf, etwas mit diesen Emotionen zu machen oder sich von ihnen zu distanzieren. So werden sie zum Beispiel ins Licht geführt, es wird versucht, sie ins Positive zu verkehren, Affirmationen werden aufgesagt, um ihnen die Kraft zu nehmen oder um unsere Aufmerksamkeit von ihnen wegzulenken; manchmal werden sie auch weggeklopft oder weggeatmet. Die Liste der Behandlungsmethoden ist lang.

Dabei nehmen die meisten Menschen nicht wahr, wie gewaltvoll dieses Vorgehen eigentlich ist. Uns bei schwierigen Emotionen mit Übungen zum Beispiel der Liebe zuzuwenden, damit wir uns besser fühlen, lässt uns schnell glauben, wir hätten eine innere Akzeptanz für uns gewonnen. Uns geht es ja vermeintlich besser. Aber wir sagen genau genommen nur Ja zu unserem geliebten Kind. Zu unserer inneren Ganzheit – zu der natürlich auch unsere schwierigen Emotionen zählen – sagen wir Nein. Wir wollen diese Emotionen in uns verändern. Das heißt im Klartext: Wir wollen sie so, wie sie sind, nicht haben.

Diese Vorstellung von Liebe ist sehr eingeschränkt. Denn wir instrumentalisieren sie, um etwas, das uns stört, wegzubekommen, oder schöner ausgedrückt: um es zu transformieren. Diese Art der Annäherung scheint liebevoll zu sein, aber das ist sie nicht. Denn wir sind uns selbst gegenüber parteiisch. Manche Seiten in uns genießen ein höheres Ansehen als andere. Liebe ergreift jedoch nie Partei. Sie existiert jenseits der Dualität, jenseits von Wertungen. Zu sagen »Alles darf da sein« ist leicht, aber das sind erst einmal nur Worte oder Konzepte. Es gilt zu überprüfen, ob wir tatsächlich Wut in uns genauso behandeln wie Freude. Wenn dem so wäre, bestünde in uns nicht der Wunsch, unsere Wut zu transformieren, während wir dies beim Empfinden von Freude nicht wollen. Wir könnten unserer Wut dann vorurteilsfrei begegnen und ihrem innewohnenden Prozess folgen, statt zu versuchen, sie irgendwohin zu bewegen. Die wiederkehrende Frage ist also: *Wer* in uns will *was* in uns transformieren und vor allem *warum*?

In der Regel geben wir Freude mehr Daseinsrecht als anderen Emotionen. Daran ist nichts verkehrt. Uns sollte nur auffallen, unter welcher inneren Flagge wir in diesen Momenten segeln, damit wir wirklich *alle* Seiten von uns offen erkunden können. Ansonsten bedient diese Art der »Spiritualität« genau genommen nur unser Überlebensprogramm – wenn auch, anders als in unserer Kindheit, in einem oberflächlich flauschigeren Kleid. Diese Form der Freude anzustreben lässt uns nicht aus unserem immerwährenden inneren Krieg aussteigen. Sie überzieht ihn nur mit einem Zuckerguss.

Mir ist bewusst, wie irritierend diese Sätze für manche von Ihnen klingen mögen. Aber solange wir noch irgendetwas machen müssen – selbst wenn es der Anspruch ist, loslassen zu müssen –, werden wir vom geliebten Kind in uns gelenkt. Das Angebot an Übungen, etwa im Internet, die liebevoll wirken, aber mit einem feineren Blick auf die Macht-Ohnmacht-Dynamik gewaltvoll sind, ist riesig. Emotionsarbeit zu machen, die das geliebte Kind in uns bedient, wirkt für den Anbieter und den Anwender sehr attraktiv. Eine echte Begegnung mit unseren inneren Schattenseiten ist jedoch viel herausfordernder. Viel leichter und deshalb reizvoller erscheint es, sich stattdessen dem Licht zuzuwenden, denn das tut zunächst weniger weh. Dieser Weg führt uns aber nie in die Freiheit. Wir haben lediglich begrenzten Auslauf in einem Innenhof und versuchen zu ignorieren, dass wir auf einer unteren Etage weiterhin im Gefängnis unseres Schutzprogramms sitzen. Negative Emotionen mit Zuckerguss zu überziehen, bis alles süß schmeckt, befreit sie nicht. Wir nehmen ihre Bitterkeit dann nur weniger gut wahr.

In diesem Zusammenhang möchte ich noch einmal den großen Psychologen Carl Gustav Jung zitieren. Er sagte: »Man wird nicht erleuchtet, indem man sich Lichtfiguren vorstellt, sondern indem man sich der Dunkelheit bewusst wird!« Ich möchte von Herzen dafür aufstehen und werben, nicht nur einen vordergründigen Umgang mit unseren Emotionen zu finden. Uns nicht mit so wenig zufriedenzugeben. Denn das wird unserem Potenzial als Mensch nicht gerecht. Ganz abgesehen davon, dass unsere wiederkehrenden Symptome uns daran erinnern werden, dass etwas in uns weiterhin nach Aufmerksamkeit ruft. Wir brauchen eine Psychologie und eine Spiritualität, die nicht weiter unser biografisches Schutzprogramm bedienen. Und letztlich doch nur versuchen, unserem inneren Schatten zu entkommen. Ob diese Flucht auf »liebevolle« oder »disziplinierte« Art geschieht, spielt keine Rolle. Geben wir ihnen nicht die nötige Aufmerksamkeit, werden sich unsere Schatten bei uns persönlich und auch in der Welt an anderen Stellen zeigen. Ich bin davon überzeugt, dass unsere Welt nicht deshalb an einem kritischen Punkt steht, weil wir ihr zu wenig Liebe zukommen lassen, sondern weil unsere bisherige Form von Liebe zu begrenzt ist. Sie spart das Dunkle aus, aber genau dadurch behält es seine Macht. Wir brauchen keine weiteren Weltmeditationen im Licht, wir brauchen *ehrliche* Emotionsarbeit. Die archaische Aggressor-Kraft einiger verbotener innerer Kinder aus unserem Hoheitsgebiet wird anderenfalls nicht nur in uns, sondern auch in der Welt immer wieder neue Ventile finden.

ÜBUNG

Nun möchte ich Sie wieder zu einer Übung einladen. Sie kann verdeutlichen, was beim Aufkommen unangenehmer Emotionen geschieht. Bitte halten Sie für diese Übung etwas zum Schreiben bereit.

1. Machen Sie es sich bitte bequem und schließen Sie die Augen.
2. Erinnern Sie eine Situation, in der Sie mit einer schwierigen Emotion konfrontiert waren. Sehen Sie diese Situation vor Ihrem geistigen Auge wie in einem Film auftauchen. Manche sehen dabei klare Bilder, bei anderen fühlt es sich eher atmosphärisch an. Lassen Sie die Situation so entstehen, wie sie in Ihnen aufkommt. Sie können bei dieser Übung nichts falsch machen.
3. Stellen Sie sich aus dieser beobachtenden Zuschauerperspektive die Frage: Wie geht die Person in dem Film (also Sie selbst) mit der schwierigen Situation um? Wendet sie sich der dabei empfundenen Emotion zu oder von ihr ab? Und wie macht sie das genau?
4. Fragen Sie sich nun, was die Befürchtung(en) der Person in dem Film sein könnte(n), falls sich diese vermutlich unangenehme Emotion nie verändern würde.
5. Verlassen Sie jetzt den inneren Film, öffnen Sie die Augen und notieren Sie sich die eben aufgekommene(n) Befürchtung(en).
6. Gibt es einen Kernsatz, der diese Befürchtung(en) repräsentiert (Beispiel: »Ich habe Angst, mein Leben zu verpassen«)?
7. Nehmen Sie ein Symbol (Kissen oder Decke) repräsentativ für die Seite in Ihnen, die diese Befürchtung hat, und stellen Sie dieses Symbol mit einem Abstand zu Ihnen auf, der für Sie angenehm ist. Das kann sowohl

nah als auch fern sein. Sollten Sie an dieser Stelle zwei Impulse in sich spüren (Nähe *und* Distanz), gehen Sie bitte mit dem Impuls, der Ihnen weniger vertraut ist.

8. Stellen Sie sich nun vor, die Seite, die diesen Kernsatz gesagt hat, wäre eine reale Person, die Sie nicht kennen. Welche Fragen würden Sie diesem Menschen stellen, um mehr über ihn zu erfahren, und welche Antworten aus seiner Position tauchen in Ihnen auf? Versuchen Sie nicht, die Person zu überzeugen, sondern sie weiterhin interessiert zu befragen, um noch mehr über sie (diese innere Seite in Ihnen) herausfinden zu können.
9. Sprechen Sie den aufkommenden Dialog laut aus oder notieren Sie ihn – je nachdem, was Ihnen lieber ist.

Die mit dieser Übung gefundene Persönlichkeitsseite in Ihnen steht in enger Verbindung zu Ihrer schwierigen Emotion. Es ist wichtig, auch dieser versteckteren Seite in Ihnen zu erlauben, sich zeigen zu dürfen.

Das alte und das neue Paradigma

Wenn wir uns von unseren Emotionen gepeinigt fühlen, finde ich es sehr verständlich und nachvollziehbar, dass wir uns Abstand zu ihnen wünschen. Und ich kann nur immer wiederholen: Daran ist nichts verkehrt. Aber jeder, der sich von einem inneren emotionalen Sturm gebeutelt fühlt und diese Emotionen loswerden möchte, hat noch nicht erfahren können, dass es nicht die Emotionen an sich sind, die uns Probleme bereiten, sondern unsere innere Haltung ihnen gegenüber. Wir haben dann noch keine ausreichende Kompetenz entwickeln können, um ihnen wirklich zu begegnen. Eine Emotion – zum Beispiel Traurigkeit, Wut oder Angst – ist an sich wertfrei. Sie *ist* einfach. *Wir* geben ihr, beeinflusst durch unser Schutzprogramm, die entsprechende Wertung. Es geht nicht darum, diese Wertung zu vermeiden. Ganz im Gegenteil. Ich möchte Sie dazu einladen, ihr sogar bewusst noch mehr Raum zu geben. So können Sie erkunden, welche Seite in Ihnen wertet und warum.

Spüren wir zum Beispiel Traurigkeit, kann die Lösung nicht sein, eine Übung zu machen, damit wir diese nicht mehr wahrnehmen. Geht es uns nicht gut, wäre es ehrlicher, uns selbst dort abzuholen, wo wir gerade stehen, statt zu versuchen, uns irgendwo anders hinzubringen. Doch dem geliebten Kind in uns geht es in der Regel eher darum, bewusst oder unbewusst Macht und Kontrolle über die Traurigkeit zu erlangen. Dadurch wiederholen wir die biografische Macht-Ohnmacht-Schleife. Wenn wir das, was im Jetzt auftaucht – zum Beispiel eine Seite in uns, die sagt: »Ich fühle mich von der Traurigkeit gestört! Ich will sie nicht haben!« –, erkunden würden und nicht versuchen würden, sie mit dem Ziel der Transformation zu bearbeiten, könnten wir uns auf einer viel tieferen Ebene kennenlernen. Erforschen wir die Seite in uns, die sich von dieser Emotion gestört fühlt, nicht, zementieren wir fatalerweise die Annahme, dass die Traurigkeit das eigentliche Problem ist. Aber das stimmt nicht. Wir geben damit der Seite in uns recht, die sich gestört fühlt – nämlich dem geliebten Kind –, dass sich nur etwas an der Traurigkeit ändern müsste, diese heilen müsste, damit etwas gut werden kann und wir endlich leben können. Damit wiederholen wir genau die Erfahrungen, die wir mit unseren Bezugspersonen in unserer Kindheit gemacht haben. In der Tiefe heilt dadurch leider nichts.

Mit ehrlichem Respekt möchte ich sagen: Eine Person, die Übungen macht, um dunkle Wolken in sich zu vertreiben – Herzensübungen, Meditationen, Achtsamkeitsübungen usw. –, durchschaut mitunter nicht, wie sehr sie dabei Opfer ihrer biografischen Macht-Ohnmacht-Dynamik ist. An dieser Stelle geht es nicht um die Übungen an sich, sondern um die Absicht, mit der sie gemacht werden. Es ist wichtig wahrzunehmen, wofür wir sie einsetzen, damit unser biografisches Schutzprogramm sie nicht einfach nutzen kann. Vielleicht brauchen wir manchmal solche Übungen als innere Oase, um uns ausruhen und sammeln zu können. Vielleicht können wir uns auch mit einer Entspannungsübung einen Kurzurlaub von der Welt gönnen. Es gibt meiner Erfahrung nach aber nur *eine* Situation, in der es sinnvoll sein kann, dass wir uns von für uns schwierigen Emotionen durch eine Übung distanzieren. Nämlich wenn wir uns überfordert fühlen. Wir brauchen dann etwas, um wieder Stabilität in uns zu erlangen, denn Überforderung lässt uns handlungsunfähig werden. In solchen Momenten fühlen wir uns schrecklich und ausgeliefert. Darum kann es nie gehen. In dem Fall würden wir uns aber, sobald wir uns gestärkt fühlen, der schwierigen Emotion in uns noch einmal zuwenden und sie erforschen. Tun wir dies nicht, nutzen wir Meditationsübungen auf der *emotionalen* Ebene wie eine Art »Weichspüler«. Denn sie gewähren, wie ich anfangs sagte, den schwierigen Seiten in uns kein echtes Daseinsrecht.

Da es einen elementaren Unterschied macht, ob wir uns innerhalb oder außerhalb unseres biografischen Schutzprogramms befinden, spreche ich davon, dass es in der Psychologie und in der Spiritualität zwei verschiedene Paradigmen gibt. Obwohl unsere Sprache für diese Ansätze oft die gleichen Wörter verwendet, handelt es sich um zwei unterschiedliche Planeten, auf denen wir uns bewegen. Das Paradigma, das vom geliebten Kind geleitet ist und sich daher *innerhalb* des Schutzprogramms bewegt, nenne ich das alte Paradigma; das, was außerhalb dieses Rahmens geschehen kann, das neue.

Zusammenfassung

» Das Hoheitsgebiet besteht nicht nur aus Wunden, sondern birgt auch ein riesiges Reservoir an Kraft.

» Durch das Eintreten in das Hoheitsgebiet entsteht

gleichzeitig auch das Empfinden einer neuen Form von Liebe. Eine Liebe, die keinen Gegenpol zum Hass oder zur Dunkelheit darstellt, sondern sich jenseits der Dualität befindet.

» Die meisten psychologischen oder spirituellen Ansätze geben den »negativen« Emotionen kein echtes Daseinsrecht. Denn in der Regel wollen sie sie verändern, transformieren oder aber retten. Und dadurch wird Liebe im Auftrag des Schutzprogramms instrumentalisiert. Dies stellt jedoch ein gewaltvolles Verhalten dar, das die Macht-Ohnmacht-Dynamik unserer Kindheit wiederholt.
» Das Paradigma, welches vom geliebten Kind geleitet ist und sich dadurch noch innerhalb des Schutzprogramms bewegt, nenne ich »altes Paradigma«. Das, was sich außerhalb von ihm bewegt, das neue.

Präsenz auf verschiedenen Ebenen

Noch bewegen wir uns in der Psychologie und in der Spiritualität hauptsächlich im *alten* Paradigma. Um besser verstehen zu können, weshalb dies Probleme bereitet und warum die Überschrift des dritten Buchteils »Die emotionale (R)Evolution« lautet, folgen auf den nächsten Buchseiten weiterführende Erläuterungen. Wir werden also noch etwas mehr in die Tiefe gehen.

Als Menschen sind wir innerlich immer auf verschiedenen Ebenen präsent – dazu gehören:

- **die geistige Ebene**
- **die mentale Ebene**
- **die emotionale Ebene**
- **die physische Ebene**

Wie Sie bemerken, verwende ich die Begriffe »geistig« und »mental« nicht – wie wir es manchmal im täglichen Sprachgebrauch tun – synonym. In der folgenden Beschreibung der einzelnen Ebenen wird der Unterschied deutlich. Natürlich kann – wie jedes Modell – auch dieses nur schematisch sein, letztlich überschneiden sich alle vier Ebenen. Eine theoretische Abgrenzung kann uns aber helfen, unser Inneres für uns greifbarer zu machen. Über jede einzelne dieser vier Ebenen ließen sich ganze Bücher schreiben. Da sie jedoch hier nur die Ausgangsbasis für weiterführende Überlegungen sind, begnüge ich mich mit einer kurzen Beschreibung.

Zur *physischen Ebene* gehören alle Empfindungen, die wir in unserem physischen Körper wahrnehmen können, zum Beispiel heiß oder kalt, Druck auf der Brust, eine entspannte oder angespannte Muskulatur, eine flache oder tiefe Atmung usw.

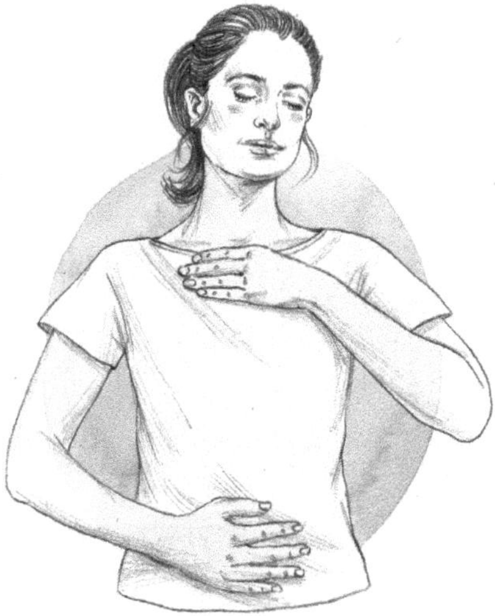

Einsamkeit

Zur *emotionalen Ebene* zählt alles, was wir an Emotionen und Gefühlen wahrnehmen können, zum Beispiel Angst, Wut, Traurigkeit usw. Wie zu Beginn des Buchs bereits erwähnt, gehören für mich auch innere Atmosphären dazu. So könnte zusätzlich zur Traurigkeit eine Atmosphäre von Einsamkeit zu spüren sein. Obwohl manche Emotionen auch auf der physischen Ebene in Form von Körperempfindungen wahrnehmbar sind – beispielsweise bei Angst ein zusammengekrampfter Magen –, ist es meiner Erfahrung nach in der Emotionsarbeit äußerst wichtig, dass die emotionale Ebene als autonom angesehen wird. Vor allem vor dem Hintergrund der biografischen emotionalen Verletzungen hat dies Bedeutung. Denn eine Emotion, zum Beispiel Angst, ist mit mehr verbunden als mit Abläufen in unserem Nervensystem oder damit einhergehenden Körperempfindungen.

Die *mentale Ebene* umfasst unsere Gedanken und Überzeugungen, zudem unsere Fähigkeiten, Zusammenhänge zu erkennen sowie logisch und analytisch zu denken. Hinzu kommt unser Vermögen, innere Bilder sehen zu können.

Auf der *geistigen Ebene* findet das Erleben einer inneren Präsenz statt. Wir erfahren, dass wir mehr sind als unser Körper, unsere Gedanken und Emotionen. Dies ermöglicht das Wahrnehmen unseres Selbst, von anderen und der Welt aus einer übergeordneten Perspektive. Oftmals gehen solche Momente mit transpersonalen Erlebnissen einher –

zum Beispiel mit spirituellen oder religiösen Einheitserfahrungen. Wer schon tiefere Erfahrungen mit Achtsamkeitsübungen oder auch mit speziellen Formen der Meditation sammeln konnte, kennt diese Ebene, die über das persönliche Ich-Empfinden hinausgeht.

Jede einzelne dieser Ebenen und ihr Zusammenwirken im Ganzen lassen sich fortlaufend verfeinernd wahrnehmen. Ihr Erkunden ist auf bereichernde Weise unendlich. Mich beeindruckt immer wieder, wie viel es in unserem »Weltinnenraum«, wie der deutsche Dichter Rainer Maria Rilke unser Inneres so wunderschön nannte, zu entdecken gibt. Es wartet nicht nur ein äußeres Universum darauf,

von uns Menschen gesehen und erforscht zu werden, sondern auch ein inneres.

Gehen wir nun einen Schritt weiter: Wenn uns Probleme oder Symptome peinigen, plagen uns diese vor allem emotional. Wir fühlen uns beispielsweise niedergeschlagen, wütend, beschämt oder ängstlich. In der Regel nähern wir uns diesen Emotionen über die mentale, die physische oder die geistige Ebene.

Dient uns die mentale Ebene als Hauptzugang, könnten wir zum Beispiel durch Methoden wie die Arbeit mit Glaubenssätzen, durch innere Dialoge, Visualisierungsübungen, Verhaltensänderungen oder analytische Gespräche versuchen, Einfluss auf die emotionale Ebene zu nehmen und sie sich uns auf diese Weise zu erschließen.

Die mentale Ebene

Die emotionale Ebene

Wird die physische Ebene als Hauptzugang in den Mittelpunkt gestellt, kann dies zum Beispiel durch Atemübungen, Yoga, Klopftechniken, Massagen oder andere Verfahren geschehen, die ihren Fokus auf das Entladen unseres überspannten Nervensystems richten. Vereinfacht könnte man sagen, dass diese Herangehensweisen darauf abzielen, über die physische Ebene das emotionale Terrain zu bearbeiten.

Die physische Ebene

Die emotionale Ebene

Bei der dritten Möglichkeit, sich den Emotionen zu nähern, steht die geistige Ebene im Mittelpunkt. Hierbei können zwei Hauptströmungen unterschieden werden. Zum einen trainieren Menschen mit Achtsamkeitsübungen oder speziellen Meditationsformen, nicht auf Emotionen zu reagieren, sondern sie nur absichtslos zu beobachten und ihnen keine weitere Bedeutung zu geben. Zum anderen wird versucht, mit energetischen Behandlungsmethoden auf die emotionale Ebene lösend einzuwirken.

Die geistige Ebene

Die emotionale Ebene

Natürlich können sich die drei Zugänge der genannten Methoden auch vermischen und ergänzen. Dabei werden entweder die physische und/oder die mentale und/oder die geistige Ebene als Hauptebene angesehen, um sich den Emotionen zu nähern. Je nachdem, was ein Mensch gerade möchte und sucht, kann jede dieser Herangehensweisen unterstützend für ihn sein. Besteht jedoch der Wunsch, aus dem eigenen biografischen Schutzprogramm auszusteigen, können sich damit schnell Probleme ergeben. Da alle drei Zugänge versuchen, auf die emotionale Ebene einzuwirken oder sich mithilfe von Techniken von ihr zu distanzieren, erhöht sich die Wahrscheinlichkeit ziemlich stark, dass wir uns aus dem geliebten Kind heraus dem leidbringenden Symptom – also unserem ungeliebten Kind – nähern.

Es gibt aber eine Möglichkeit, wie wir uns unseren inneren Persönlichkeitsseiten widmen können, *ohne* uns gleichzeitig in der Dynamik des emotionalen Überlebensprogramms zu verfangen. Und zwar indem wir nicht die drei oben genannten, sondern die *emotionale* Ebene als Hauptebene ansehen. Wird sie als eigenständiger Ausgangspunkt betrachtet und nicht nur als Objekt, das es zu bearbeiten gilt, dient die mentale, die physische und die geistige Ebene unseren Emotionen – und nicht umgekehrt. Dies eröffnet uns völlig neue Optionen.

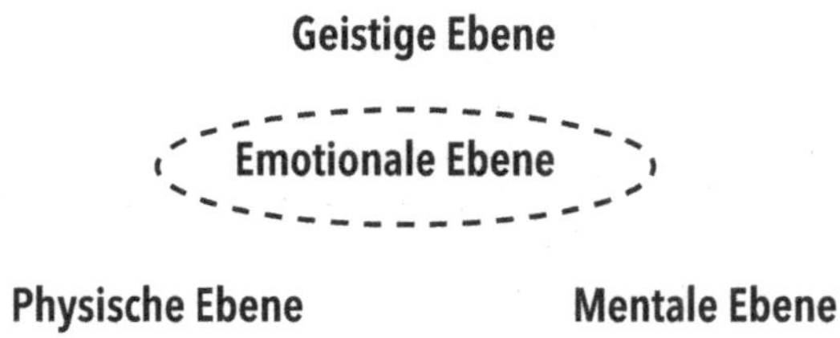

Wie die emotionale Ebene zur Hauptebene wird

Soll die emotionale Ebene zur Hauptebene werden, spielen zwei Elemente eine wichtige Rolle. Das eine ist die emotionale Selbstbegleitung, die ich im nächsten Kapitel ausführlich behandeln werde, das zweite die Schulung einer speziellen Aufmerksamkeit. Denn wenn die emotionale Ebene als Hauptebene angesehen wird, führt das Einflussnehmenwollen des geliebten Kindes ins Leere. Sobald das geliebte Kind in uns etwas mit einer Emotion des ungeliebten

Kindes *machen* will – was es aus seinem Kern heraus immer wieder versuchen muss, weil dies seine Aufgabe ist –, kann die emotionale Ebene nicht mehr die Hauptebene sein. Um dies wahrnehmen zu können, schulen wir unsere Aufmerksamkeit dafür, *wann* und *wie* wir durch unser geliebtes Kind Einfluss auf die emotionale Ebene nehmen wollen. Das zu bemerken, dauert eine Weile, ist aber reine Übungssache. Unseren Wunsch, Einfluss nehmen zu wollen, können wir dann als neues Signal aufnehmen und erkunden. Und zwar wechseln wir aus dem Modus des Parteiischseins für unser geliebtes Kind (»Ich will, dass die Emotion sich verändert«) immer wieder in die Unparteilichkeit, indem wir diese inneren Vorgänge begleiten.

Die Schulung unserer Aufmerksamkeit und die Frage, wie wir uns eigentlich unserer Emotion annähern – aus dem geliebten Kind heraus oder aus einer tatsächlichen Offenheit (Unparteilichkeit) –, bilden die Basis dafür, die emotionale Ebene als Hauptebene nutzen zu können. Wir versuchen also nicht, einem neuen Konzept zu folgen, das auf dem Motto beruht: »Man darf nicht parteiisch sein, sonst kann man die emotionale Ebene nicht als Hauptebene nehmen!« Wir geben uns auch nicht die vergebliche Mühe, absichts*los* sein zu wollen. Denn das funktioniert, wenn es authentisch sein soll, nicht. Sondern wir messen dem Absichts*vollen* (das Verändern*wollen*) eine noch größere Bedeutung bei, um es erkennen und erkunden zu können.

Für manche mag diese Herangehensweise beim Lesen vielleicht kompliziert erscheinen, bei näherer Betrachtung ist sie das nicht. Aber: Sie ist komplex, denn es braucht mehrere Schritte. Wenn wir aus dem Schutzprogramm langsam aufzuwachen beginnen, erkennen wir, wie simpel und gleichzeitig genial unser emotionales Überlebensprogramm aufgebaut ist. Schwierig wird es einzig und allein dadurch, dass es uns den Blick vernebelt und wir dann den Wald vor lauter Bäumen nicht mehr sehen. Treten wir durch die Schulung der speziellen Aufmerksamkeit einen Schritt zurück, können wir den Wald wieder klar erkennen.

Gern möchte ich Ihnen ein Beispiel aufzeigen, um nachvollziehbarer zu machen, was ich meine. Wir stellen uns einen Mann vor und nennen ihn Andreas. Andreas möchte sich mit seiner Traurigkeit beschäftigen. Er hat schon zahlreiche Anläufe unternommen, sich ihr zu nähern, aber im Kern hat sie sich nicht verändert. Er ist verzweifelt und versteht nicht, warum sich an seiner Situation nichts tut. Um Andreas' Geschichte verständlicher beschreiben zu können, nenne ich sein trauriges ungeliebtes Kind im Folgenden Andy.

Andreas möchte die emotionale Ebene zur Hauptebene machen, um Andy (seine Traurigkeit) erkunden zu können. Er widmet sich Andy und versucht, ihn ganz da sein zu lassen. Um zu überprüfen, ob er die emotionale Ebene überhaupt schon als Hauptebene nehmen kann oder ob er offensichtlich oder subtil versucht, Andy in eine bestimmte Richtung zu bewegen (also Einfluss auf seine Traurigkeit zu nehmen), kann sich Andreas nun folgende Frage stellen: Will ich etwas von Andy? Will ich ihn zum Beispiel loswerden, verändern, ihn retten, ihn transformieren, ihn heilen? Andreas überprüft also zunächst einmal seine eigentliche Absicht. Denn solange er etwas von Andy will – und sich aus seinem *geliebten Kind* heraus Andy zu nähern versucht –, gesteht er ihm kein echtes Daseinsrecht zu. Sollte dem so sein, wird Andy darauf reagieren und sich Andreas auf einer tiefer liegenden Ebene entziehen.

Schnell merkt Andreas, dass er Andy helfen möchte. Er würde gern fragen, was Andy braucht und was er für ihn tun kann. Andreas überprüft daraufhin, was seine Motivation ist, Andy helfen zu wollen. Um dies provozierend zu verstärken, fragt Andreas sich, was geschehen würde, wenn er Andy *nicht* helfen würde. Daraufhin bemerkt Andreas, dass er dies nicht aushalten würde. Bei der Vorstellung, Andy könnte traurig bleiben, spürt Andreas eine Unruhe in sich aufkommen. Als er diese wiederum zu erforschen beginnt, bemerkt er, dass es Angst ist, die in ihm aufsteigt. Andreas nimmt wahr, dass die Option, Andy könnte traurig bleiben, für ihn ein absolutes Tabu ist. An dieser Stelle bemerkt Andreas, dass er seine Traurigkeit gar nicht begleiten kann, da er ihr gegenüber nicht offen ist. Er hängt im Schutzprogramm fest. Nun versteht er auch, weshalb sich seine Traurigkeit bisher im Kern nicht wandeln konnte.

Damit es keine Missverständnisse gibt, lassen Sie mich an dieser Stelle einfügen, dass es *nicht* darum geht, dass Andy traurig bleiben soll. Das wäre unsinnig. Es geht darum, Andreas' unglaublich feine manipulative Annäherung Andy gegenüber – und diesen Satz meine ich nicht negativ! – überhaupt aufdecken zu können. Dass dies so ist, ist nicht falsch! Es *muss* innerhalb des Schutzprogramms so sein. Wichtig ist aber, dass Andreas auffällt, dass er sich gerade aus seinem geliebten Kind heraus Andy anzunähern versucht. Hätte man Andreas vorher gefragt, ob seine Fragen an Andy: »Was brauchst du?«, »Wie kann ich dir helfen?« aus dem geliebten Kind heraus kamen, hätte er dies höchstwahrscheinlich verneint. Erst die provokante Frage »Was geschieht, wenn sich an der Situation nichts ändert?« brachte ihn in Kontakt mit der versteckten Unruhe und der damit verbundenen tiefer liegenden Angst. Diese Angst kann er nun mit der emotionalen Selbstbegleitung besser kennenlernen. Während dieses Prozesses verbleibt die Aufmerksamkeit, wann er Einfluss zu nehmen versucht, wie eine Begleiterin an seiner Seite. So kann er dafür sorgen, dass seine emotionale Ebene nicht von den anderen Ebenen dominiert wird.

Zusammenfassung

» Als Menschen sind wir innerlich immer auf verschiedenen Ebenen präsent. Dazu gehören die geistige, die mentale, die emotionale und die physische.

- Wenn wir uns von Problemen oder Symptomen gepeinigt fühlen, dann plagen uns diese vor allem emotional. In der Regel nähern wir uns diesen Emotionen über die mentale, die physische oder die geistige Ebene an. Eine dieser drei Ebenen ist dabei jeweils die Hauptebene.
- Dadurch, dass jeder dieser Zugänge darauf beruht, auf die »störende« Emotion einzuwirken, ist die Wahrscheinlichkeit sehr hoch, dass wir uns bei diesen Ansätzen aus dem geliebten Kind heraus unserem leidbringenden Symptom nähern.
- Erkennen wir die emotionale Ebene als Hauptebene an, eröffnen sich uns ganz neue Möglichkeiten. Denn dadurch bleiben wir nicht in der Dynamik unseres emotionalen Überlebensprogramms verhaftet.
- Um die emotionale Ebene zur Hauptebene zu machen, sind zwei Elemente erforderlich: zum einen die emotionale Selbstbegleitung, zum anderen die Schulung einer speziellen Aufmerksamkeit.
- Das Entscheidende bei der speziellen Aufmerksamkeit ist wahrzunehmen, welche Absicht bei der Annäherung an die Emotion vorherrscht. So kann überprüft werden, ob wir uns der Emotion aus dem geliebten Kind heraus nähern.

Die emotionale Selbstbegleitung

Den Fokus auf die emotionale Selbstbegleitung zu legen ist im Rahmen der heutigen Psychologie noch ungewöhnlich. Mit sich selbst *emotional* in Kontakt zu treten gibt es, falls überhaupt, eher aus der Motivation des geliebten Kindes heraus oder im Hinblick auf Selbstregulation. Zwar ist es für uns wichtig und wertvoll, uns bei Überforderung selbst regulieren zu können, doch das hat mit einer *Begleitung* unserer Emotionen nichts zu tun. Da diese Form noch nicht sehr bekannt ist, mag uns eine »Selbsttherapie« zunächst einmal fremd erscheinen. Und natürlich kann die emotionale Selbstbegleitung keine Stunden bei einem Therapeuten ersetzen. Es gibt biografische Wunden, deren Begleitung ein Gegenüber erfordert und bei denen es bedeutsam und notwendig ist, sich externe Hilfe zu holen. Aber selbst wenn wir für unsere biografischen Verwundungen eine Therapie benötigen, halte ich das Erlernen der Selbstbegleitung für unabdingbar. Langsam, respektvoll und in dem Rhythmus, der für uns individuell stimmig ist. Nach meiner Erfahrung können wir keine gesunde Selbstermächtigung erlangen, ohne dass wir Schritt für Schritt lernen, uns selbst *emotional* zu begleiten. Wir benötigen sie, um in unser Hoheitsgebiet mit seinen verbotenen ungeliebten Kindern eintreten zu können und mit dem schrittweisen Ausstieg aus unserem Schutzprogramm zu beginnen. Mit der Haltung unseres geliebten Kindes haben wir, wie beschrieben, keinen Zugang zu diesem Gebiet. Um unserem geliebten Kind das Steuer liebevoll aus der Hand nehmen zu können und sowohl dieser Kindseite als auch unserem ungeliebten Kind emotional gerecht zu werden, brauchen wir die innere Selbstbegleitung.

Es macht einen großen Unterschied, ob wir uns nur dann tiefergehend uns selbst zuwenden können, wenn ein anderer (zum Beispiel ein Therapeut) uns gegenübersitzt, oder ob wir lernen, dies auch zu tun, wenn wir allein sind. Denn sobald uns jemand gegenübersitzt, entsteht ein anderer Beziehungsraum. Wenn unsere ungeliebten Kinder sich lediglich dann zeigen, wenn etwa unsere Therapeutin ihnen liebevoll begegnet, wir mit ihnen in problematischen Situationen mit uns allein aber nicht umgehen können – zum Beispiel weil wir nicht wissen, wie wir unsere innere Härte oder unsere Überforderung begleiten können –, nützt uns dies auf Dauer nicht viel. In einer solchen Therapie lernen wir nicht, uns *selbstständig* dort abzuholen, wo wir in diesen herausfordernden Momenten mit uns selbst tatsächlich stehen. Sich emotional an die Hand zu nehmen – also nicht sich selbst beruhigen oder die Aufmerksamkeit woanders hinwenden zu können –, ist meiner Erfahrung nach die Hauptsäule einer tiefen inneren Stabilität. Denn wenn wir lernen, uns selbst zu helfen, ist es nicht mehr das Wichtigste, ob die äußeren Umstände in unserem Leben gerade gut sind oder sich zum Schwierigen hin verändern. Wir wissen dann, wie wir uns selbst begegnen können.

Damit lösen wir uns auch aus dem Klammergriff gesellschaftlicher Erwartungen wie »Es muss mir immer gut gehen!«. Ein menschliches Leben bewegt sich nicht nur in *einem* Fahrwasser. Wir werden immer wieder auch in unbekannte Gewässer geworfen. Wenn wir aber – wie ich es an anderer Stelle schon erwähnte – schwimmen können, werden wir manchmal dabei frieren, Angst haben oder auch Schmerzen empfinden. Aber wir haben immer die fühlbare Gewissheit, nicht unterzugehen und uns darüber hinaus selbstständig in wieder andere neue Gewässer begleiten zu können. Nicht weil wir im Sinne unseres Überlebensprogramms dank unserer Härte gut durchhalten können – was so viele Menschen leider ihr ganzes Leben lang tun –, sondern weil wir zunehmend mit uns selbst geschmeidiger werden und dadurch flexibler auf Unerwartetes reagieren können.

Die Beziehung zu uns selbst bildet die Grundlage für alles. Da es nicht möglich ist, sie auf Knopfdruck zu verändern – zumindest nicht, wenn sie authentisch sein soll –, sehe ich die emotionale Selbstbegleitung als einen so zentralen Punkt an. Wir können mit ihrer Hilfe lernen, auch zuvor abgelehnte Persönlichkeitsseiten in uns zu ergründen. Niemand ist mit Selbstablehnung geboren. Wirklich niemand. Wer jemals ein Baby im Arm gehalten hat, weiß, wovon ich spreche. Wenn wir dennoch keine gute Beziehung zu uns haben, müssen biografische Ereignisse die Selbstablehnung hervorgerufen haben. Persönlichkeitsseiten in uns, die für uns schwierig sind, zu begleiten, schenkt uns Vertrauen. Denn wir müssen nicht mehr warten, bis Selbstliebe vom Himmel regnet. Wir können mit unserer

Ablehnung oder anderen problematischen Seiten in uns in Kontakt treten, um auch diese zu erforschen und kennenzulernen. Wir müssen nicht mehr jemand anderes werden, um uns lieben zu können. Stattdessen können wir erfühlen, dass wir genau richtig sind und es schon immer waren. Wir kannten uns nur noch nicht. Es braucht dafür viele kleine Schritte. Aber Mäuschenschritte sind auf einem Heilungsweg ohnehin die wichtigsten und tragfähigsten.

Die »Selbsttherapie« kann nicht allein kognitiv geschehen, sie braucht vor allen Dingen erfahrungsbasiertes Lernen. Immer wieder werde ich gefragt, ob ich nicht ein Übungsbuch zum Erlernen dieser Selbsttherapieform schreiben könnte. Der Grund, weshalb ich das nicht tun kann: Ich bin davon überzeugt, dass dies weder dem Anwender noch dem Ansatz gerecht wird. Menschen, die die Selbsttherapie erlernt haben, bestätigen die Unmöglichkeit, diesen Prozess in einem Buch zu vermitteln. Da ich weiß, dass dies auf dem psychologischen Buchmarkt üblich ist, könnte ich es natürlich dennoch tun. Ich wünsche mir aber, Menschen auf eine ehrliche Weise zu unterstützen, anstatt nicht einlösbare Versprechungen zu machen. Aus einem Verantwortungsbewusstsein dem Anwender und auch dem Ansatz gegenüber halte ich es für unmöglich, ein Übungsbuch mit praktischen Anleitungen zu veröffentlichen, die uns in tiefere Tiefen von uns selbst bringen können.

Ich weiß, dass das vielen aufstößt und ich deshalb Kritik ausgesetzt bin. Es gilt einfach als normal, Übungsbücher zu schreiben. Aber sosehr ich es in den letzten Jahren gedreht, gewendet und mir intensiv angeschaut habe, lande ich immer wieder bei demselben Punkt: Wenn es um einen *wirklichen* Ausstieg aus der Leidensschleife – und damit aus dem Schutzprogramm – geht, braucht es mehr als einen standardisierten Übungsablauf in einem Buch. Das bedeutet nicht, dass ich Ihnen keine einführenden Einstiegsübungen an die Hand geben kann. Gerne veröffentliche ich Übungen in meinen Büchern, die einen praxisbezogenen Einblick in das zuvor Beschriebene geben und den Lesern neue Erfahrungen ermöglichen. Aus E-Mails, die mich erreichen, weiß ich, dass dies vielen Menschen auf ihrem Weg gut weiterhelfen konnte. Das freut mich von Herzen! Denn mein Anliegen ist es, Menschen zu unterstützen. Doch die *tiefergehende* innere Arbeit mit sich selbst, die einen Austritt aus dem alten Paradigma und den Eintritt in das neue ermöglicht, braucht noch mehr. Nämlich das Erlernen eines umfangreichen inneren Navigationssystems, bei dem es von zentraler Bedeutung ist, Fragen zum *individuellen* Übungsprozess stellen zu können. Ansonsten kommen wir entweder nicht in die Tiefe oder wir fühlen uns von ihr überflutet. Im ersten Fall wären die Übungen weiteres psychologisches Make-up, das die Lage schönt, aber keinen *echten* Ausstieg aus dem Schutzprogramm ermöglicht. Im zweiten Fall halten wir ein Verlassen unseres emotionalen Überlebensprogramms für unmöglich und wenden uns ab. Beides zeigt nicht das auf, worum es geht.

Da es sich hier um eine prozessorientierte Herangehensweise handelt und nicht um eine zielfixierte aus dem geliebten Kind heraus, lässt sich vorab nicht sagen, wo jemand nach Schritt A stehen wird. Manche werden bei Schritt B landen und andere finden sich bei Schritt F wieder. Wenn wir uns tatsächlich prozessorientiert begleiten, benötigen wir einen Koffer mit psychologischem Handwerkszeug, dessen Inhalt wir von Situation zu Situation anwenden lernen. So stärken wir unsere emotionale Begleitungskompetenz immer mehr.

Da ich Sie dennoch auf Ihrem persönlichen Weg in eine emotionale Selbstbegleitung so weit wie möglich unterstützen möchte, finden Sie weiter unten eine Einstiegsübung. Für alle, die für sich allein weitergehen möchten, kann sie eine Brücke sein, um die eigene Begleitung zu entwickeln.

Zum emotionalen Experten für sich selbst werden

Da ich die Selbsttherapie aus meiner eigenen Not heraus vor vielen Jahren entwickelt habe und natürlich auch jede andere Person sie in individueller Form entwickeln kann, hat sie nichts Privilegiertes oder Exklusives. Der Unterschied liegt darin, dass ich mit den Jahren das Geschenk empfangen durfte, emotional zu erwachen, und heute, nach Jahren des therapeutischen Arbeitens mit Menschen, auf einen großen Erfahrungsschatz zurückgreifen kann. Jede Person, die eine Sehnsucht nach innerer Nähe und Freiheit in sich verspürt, hat die Möglichkeit, sich selbst zu erkunden und sich tiefergehend kennenzulernen. Die (Selbst-)Therapieform, die ich lehre und auf dem Gebiet des emotionalen Essens »Sehnsucht und Hunger« und auf allen anderen Gebieten der Psychologie »EssentialCore« nenne (engl. für »Wesenskern«), zielt darauf ab, in aufeinanderfolgenden Schritten der emotionale Experte für sich selbst zu werden. Denn niemand ist so nah an uns dran wie wir selbst. Nur wir können erspüren, was für uns richtig ist. Menschen sind in der Lage, auf unterschiedlichen Gebieten Expertise zu erlangen. Sie können uns zum Beispiel durch ihr psychologisches Knowhow Brücken zu uns selbst anbieten. Aber nur wir selbst können emotionale Experten für uns sein. Ansonsten verbleiben wir in Abhängigkeiten. Darum darf es nie gehen – und mit Heilung hätte dies auch nicht viel zu tun.

Da unsere Gesellschaft aufgrund der Identifikation mit dem geliebten Kind auf schnelle Lösungen ausgerichtet ist, möchte ich darauf hinweisen, dass der eigene tiefe Weg keine Kurzzeit-, sondern eine Langzeitreise bedeutet. Eine fortlaufende bereichernde Heilungsreise, auf der wir uns ein Leben lang befinden werden. Wir sind eingeladen, unsere inneren Verkrustungen aus den zahlreichen Macht-Ohnmacht-Erlebnissen immer feiner wahrnehmen und immer tiefer begleiten zu lernen. Das Leiden hört ab einem bestimmten Punkt tatsächlich auf. Nicht, weil die Vergangenheit *vollständig* erlöst wäre. Das kann sie niemals sein, da es ansonsten keine weitere Entwicklung mehr gäbe. Unser Leiden endet, weil wir ab einem bestimmten Punkt unserer emotionalen Selbstbegleitung nicht mehr über unser Schutzprogramm definiert und deshalb nicht mehr in ihm verhaftet sind. Es handelt sich um ein emotionales Erwachen. Ein Aufwachen aus unserer Leidensschleife. Dadurch können wir uns auf eine Weise begegnen, die uns das Potenzial unseres »Menschseins« auf immer tieferen Ebenen erfahren lässt. Wir erlangen unsere innere Freiheit zurück und die tiefste Liebe für uns selbst. Diese Liebe hat, wie schon beschrieben, nichts Verklärtes. Sie verbindet Helles und Dunkles, Oben und Unten, Gutes und Böses gleichermaßen. Ab einem bestimmten Punkt weitet sie sich automatisch und natürlicherweise auf andere Menschen aus. Man kann dies nicht machen, sondern es geschieht, und es beginnt immer und ausschließlich in uns selbst.

Zusammenfassung

» Den Fokus auf emotionale Selbstbegleitung zu legen ist in der heutigen Psychologie noch sehr ungewohnt.

» Selbst wenn es aufgrund biografischer Verwundungen notwendig ist, eine Therapie zu machen, halte ich das Erlernen der emotionalen Selbstbegleitung für unerlässlich.

- Sobald eine Therapeutin oder ein Therapeut beteiligt ist, verändert sich der Beziehungsraum. Das Ziel besteht darin, durch die Selbstbegleitung diesen Kontakt zu sich selbst auch mit sich selbst herstellen zu können.
- Die (Selbst-)Therapieform, die in diesem Buch vorgestellt wird, heißt auf dem Gebiet des emotionalen Essens »Sehnsucht und Hunger« und auf allen anderen Gebieten der Psychologie »EssentialCore« (engl. für Wesenskern). Sie zielt darauf ab, in aufeinanderfolgenden Schritten zu lernen, zum emotionalen Experten für sich selbst zu werden.

Psychologie trifft Spiritualität

Bei einer emotionalen Selbstbegleitung, trifft Psychologie auf Spiritualität. Wir kommen während dieses Prozesses an einen Punkt, an dem wir mit einer Kraft und mit einer Atmosphäre in Kontakt kommen, deren Qualitäten sich mit dem Begriff »Psychologie« nicht mehr angemessen erfassen lassen. Da meiner Ansicht nach der Begriff »Spiritualität« bereits überstrapaziert wird und falsch verstanden werden kann, bin ich sehr vorsichtig mit seinem Gebrauch. Ich stehe, wie im Kapitel »Ein Zuckerguss, der nichts besser macht« bereits dargelegt, verklärten spirituellen Ausrichtungen skeptisch gegenüber. Diese repräsentieren nicht den Ansatz, den ich in diesem Buch vertrete.

Ein Heilungsweg ist sehr bereichernd und es lohnt sich wirklich, ihn zu gehen – aber der Prozess tut auch weh. Denn er ist wie eine Geburt. Und die ist nicht nur schön. Wenn wir lernen, uns auf tieferen Ebenen zu begleiten, und sich dadurch unser Schutzprogramm allmählich zu lösen beginnt, schenken wir uns eine Art zweite Geburt und unseren verbannten, verletzten und emotional verwahrlosten inneren Kindern eine zweite Kindheit.

Damit unsere inneren Kindseiten diese Erfahrung machen können, braucht es ein spezielles »duales Bewusstsein«. Wer bereits Erfahrungen mit Achtsamkeitsübungen oder speziellen Meditationsformen sammeln konnte, kennt diesen Zustand auf *geistiger* Ebene. Was im Augenblick noch abstrakt klingen mag, ist anhand eines Beispiels leichter zu verdeutlichen.

Nehmen wir eine imaginäre Klientin und nennen sie Petra. Petras chronisches Symptom ist »Eifersucht«. Sie weiß bereits, dass es mit einer Angst vor dem Verlassenwerden zu tun hat. Wenn wir uns nun Petras Situation genauer anschauen, erkennen wir zwei voneinander zu trennende Ebenen:

» die *emotionale* Ebene, auf der Petra die Verlassenheitsangst direkt fühlen kann, und
» die *geistige* Ebene in Petra, die diese Angst innerlich wahrnehmen und auf der sie darüber sprechen kann.

Mit einer Achtsamkeitsübung könnte Petra nun trainieren, ihre Angst immer besser auch von der geistig wahrnehmenden Ebene aus zu betrachten. Das heißt, sie könnte zum Beispiel ihre Angst nicht nur direkt in ihrem Körper spüren – sagen, wo und wie sie sie wahrnimmt –, sondern gleichzeitig »von oben« auf sie draufschauen. Dies wäre für Petra erleichternd, wenn sie auf diese Weise erfahren könnte, dass sie nicht ihre Angst *ist*, sondern dass sie diese Angst *hat*. Sie könnte damit Abstand zu ihrer Angst gewinnen und erleben, dass sie *mehr* ist als ihre Angst. Dies könnte sehr hilfreich und wertvoll für Petra sein.

Leider kann sich ihre Angst auf diese Weise noch nicht lösen, denn ihrem ungeliebten ängstlichen Kind ist damit noch nicht geholfen. Wahrzunehmen, dass sie mehr als ihre Angst ist, ermöglicht *ihm* noch keine neue Erfahrung. Dafür ist eine innere *Begleitung* der Angst erforderlich. Die Instanz, die diese emotionale Selbstbegleitung ermöglichen kann, nenne ich »die innere Prozessbegleitung«.

Über diese innere Prozessbegleitung habe ich in früheren Büchern bereits geschrieben. Da sie in erster Linie nicht kognitiv greifbar, sondern vor allem durch Erfahrungen erlebbar ist, lässt sie sich nicht einfach in Worte fassen. Es ist ähnlich herausfordernd wie der Versuch, jemandem das Empfinden von »Liebe« zu vermitteln. Oder wie eine Klientin von mir kürzlich sagte: »Wie soll ich jemandem den Ozean beschreiben, der ihn noch nicht kennt?« Der Versuch kann nur bis zu einem gewissen Punkt gelingen. Darüber hinaus müsse man, wie diese Klientin sagte, das Wasser einfach riechen, schmecken und spüren.

Die Prozessbegleitung kann auf unterschiedliche Arten auftreten. Sie ist weit mehr als die analysierende Metaebene und auch mehr als die liebevolle erwachsene Person in uns – obwohl diese Qualitäten Teil von ihr sind. In der emotionalen Selbstbegleitung spielt die Prozessbegleitung die zentrale Rolle. Denn durch die unmittelbare Nähe zur Emotion ermöglicht sie uns eine starke »emotionale Präsenz«, während wir *gleichzeitig* ausreichend inneren Abstand haben, um nicht von der »negativen« Emotion übermannt zu werden. Diese Gleichzeitigkeit nenne ich das duale Bewusstsein der Prozessbegleitung. Erst dadurch können wir das ungeliebte Kind in uns tatsächlich begleiten und darin unterstützen, eine *neue* emotionale Erfahrung zu machen. Die angestauten Emotionen – in unserem Beispiel das, was in Petras Biografie beim Entstehen ihrer Angst vor vielen Jahren nicht ausgedrückt werden konnte (zum Beispiel ein Schrei, das Rufen um Hilfe, Weinen usw.) – können sich dann im Rahmen der neuen Erfahrung befreien.

Der entscheidende Unterschied zur ersten Kindheit (biografische Erfahrung) besteht darin, dass wir uns durch die Präsenz der Prozessbegleitung auf emotionaler Ebene nicht mehr isoliert und im Schmerz alleingelassen fühlen, sondern liebevoll begleitet. Es geht dabei nicht um ein blindes Ausagieren (!), sondern um eine wirklich *neue* Erfahrung. So ermöglicht erst das duale Bewusstsein, das auch die emotionale Ebene miteinschließt, die zweite Kindheit. Es ist das Erleben eines inneren Getragen- und Gehaltenseins, während die Emotionsstauung (der Schmerz, die Tränen usw.) sich lösen kann. Innerhalb der Prozessbegleitung geben wir dem ungeliebten Kind *nichts* vor (auch keine Bilder oder gut gemeinten Sätze). Vielmehr erlauben wir dieser Kindseite, seinem *eigenen* Prozess folgen zu dürfen.

Zurzeit wird von den meisten Psychologen und Psychiatern die Meinung vertreten, man solle sich nicht noch einmal dem Kontakt mit Emotionen aussetzen, denen wir uns bisher hilflos ausgeliefert fühlten. Die Gründe für diese Meinung sind nachvollziehbar. Wenn wir beispielsweise den unaushaltbaren Schmerz von damals in gleicher Form im Hier und Jetzt noch einmal erleben, werden in unserem Gehirn dieselben neuronalen Bahnen bedient wie zu jener Zeit. Dass dies nicht zu einer Befreiung führen kann, leuchtet unmittelbar ein. Aber darum geht es nicht, wenn ich von emotionaler Selbstbegleitung spreche. Denn in den Betrachtungen zu diesem Thema fehlt die Instanz der Prozessbegleitung. Ohne sie ginge es tatsächlich nur um die Wiederholung der *ersten* Kindheit. Darum darf es natürlich nie gehen! Erst mithilfe der Prozessbegleitung können sich gestaute Emotionen befreiend lösen. Durch diese *neue* Erfahrung werden nicht die alten Bahnen im Gehirn vertieft, sondern es werden, wie bei jeder neuen Erfahrung, neue neuronale Bahnen gebildet. Einen alten Schmerz eins zu eins zu wiederholen ist aus therapeutischer Sicht völlig sinnlos, grausam und hat mit Heilung nichts zu tun. Es gilt, unsere aufgestauten Emotionen auf eine Weise zu begleiten, die uns aus der erlittenen Ohnmachtserfahrung unserer Kindheit in eine gesunde emotionale Selbstermächtigung führen kann.

Wenn Psychologie auf Spiritualität trifft, verbinden damit viele Menschen, dass neben der Psychotherapie das Meditieren im Rahmen des Heilungsweges einen festen Platz erhält. Der Ansatz, von dem ich spreche, geht jedoch darüber hinaus. Denn er lässt Psychologie und Spiritualität nicht nur *nebeneinander* existieren, sondern schafft zwischen ihnen mit der Instanz der Prozessbegleitung eine direkte Verbindung. Beide Bereiche greifen dann ineinander. Je nachdem, wie stark die eigene Prozessbegleitung ausgebildet ist, können dabei sehr tiefe und berührende Erfahrungen gemacht werden. Ob man diese spirituell nennt oder anders, ist nicht entscheidend.

Eine Brücke zur emotionalen Selbstbegleitung

Wie bereits erwähnt, steht grundsätzlich jedem der Weg frei, seine eigene Selbstbegleitung zu entwickeln. Denjenigen, die das gerne möchten, kann die folgende Übung als Einstiegshilfe dienen. Sie bildet die Grundlage dafür, die Sprache unseres inneren Körpers – damit meine ich alles, was in unserem Inneren auf der physischen, mentalen, emotionalen und geistigen Ebene aufkommt – umfangreich wahrnehmen zu können. Unsere geliebten und ungeliebten Kinder können sich dadurch auf vielschichtige Weise zeigen.

Für meinen eigenen Heilungsweg war die Einbeziehung meines inneren Körpers eine Offenbarung. Vor mehr als 25 Jahren war das Arbeiten mit dem physischen Körper oder Achtsamkeitsübungen im Vergleich zu heute noch sehr unbekannt. Den Einstieg dazu fand ich, als ich während meiner damaligen Essstörung bei einem Essanfall versuchte, meinen Essdruck zu lokalisieren. Ich fühlte mich meinem Drang, immer weiteressen zu müssen, hilflos ausgeliefert und fragte mich dabei irgendwann, wo ich diese starke Gier denn eigentlich in mir wahrnehme. Nach meinem Empfinden fühlte sie sich wie ein Loch in meinem Hals an, das mit dem Essen »gestopft« werden sollte. Und ich wusste sofort, dass – ganz gleich wie viel ich auch essen würde – dieses Loch nicht geschlossen werden konnte. Das Völlegefühl in meinem Magen würde es nur ab einem bestimmten Sättigungsgrad überdecken können. Als ich dieses Loch weiter erkundete, bekam ich eine Menge Informationen. So hörte ich beispielsweise innere Schreie, die von mir stammten, und sah Bilder. Ich hatte damals keine Ahnung, was ich da eigentlich tat. Ich merkte nur, dass ich plötzlich etwas an der Hand hatte, das mich aus dem Ausgeliefertsein gegenüber meinem Essdruck herausholte. Diese Entdeckung elektrisierte mich. Und so begann ich – über meinen Essdruck hinaus – meine inneren Signale zu erforschen, zum Beispiel die, die in Bezug auf meine Depression und meine Angststörung in mir aufkamen. Ich entwickelte dafür, wie bereits im ersten Buchteil beschrieben, im Lauf der Zeit sehr viele Übungen.

Während dieser intensiven inneren Forschungsreise entstand ein detailliertes Navigationssystem, das ich immer weiter verfeinerte. Zu Beginn nannte ich die »Pipelines«, über die ich meine inneren Signale wahrnehmen konnte, ganz einfach nur »Wahrnehmungsebenen«. Später erfuhr ich, dass Vertreter einiger psychologischer Richtungen in diesem Zusammenhang von Kanälen sprechen und so übernahm ich diesen Fachbegriff – auch wenn ich zum Teil abweichende Unterbegriffe verwende.

Bei der folgenden Grundlagenübung, die ich »Basis-Kanalübung« nenne und die auf einfache und dennoch vielschichtige Art die Achtsamkeit trainiert, geht es darum, den Körper als Wahrnehmungsinstrument zu schulen. Unter anderem spielen dabei unsere inneren Sinne eine entscheidende Rolle. Alle Sinne, die wir haben, können wir nicht nur für die Wahrnehmung der »äußeren Welt« nutzen, sondern auch für das Erfassen innerer Signale. Je feiner wir darin geübt sind, desto umfangreicher ist das Spektrum an Informationen, das wir aus unserem inneren Körper empfangen können.

Die meisten von uns haben eine Vorliebe für bestimmte Kanäle. Manche Menschen sehen zum Beispiel schnell innere Bilder (Bildkanal), während es anderen leichter fällt, etwas innerlich zu hören (Hörkanal). Es ist sehr wichtig, die Wahrnehmung *aller* Kanäle, die ich gleich aufzählen werde, gleichermaßen gut zu trainieren. Ansonsten kann es zum Beispiel sein, dass wir zwar sehr leicht innere Bilder sehen, aber dadurch auch Gefahr laufen, im Bildkanal »hängen zu bleiben«. Dann verpassen wir vielleicht wichtige Informationen, weil uns diese auf einem anderen inneren Kanal gesendet werden.

Da der *EssentialCore*-Ansatz prozessorientiert und nicht ergebnisfixiert ist – ansonsten folgten wir wieder dem geliebten Kind, das uns in eine bestimmte Richtung zu lenken versucht –, nutze ich die Kanäle in der emotionalen Selbstbegleitung hauptsächlich dafür, Informationen aus dem inneren Körper zu empfangen und seinem Prozess zu folgen. Das heißt, ich verwende sie ausdrücklich *nicht* dafür, einen bestimmten Prozess zu initiieren, den das geliebte Kind vorgibt.

Bevor wir beginnen, möchte ich noch einen weiteren wichtigen Hinweis einfügen: Diese Übung ist, wie ich erwähnte, keine, die in tiefere innere Landschaften führt. Sie steht also nicht für die emotionale Selbstbegleitung, sondern ist eine vielschichtige Achtsamkeitsübung zum Trainieren unseres Kanalbewusstseins. Damit bildet sie eine Basis, um von hier aus in mehreren weiterführenden Schritten den immer tiefergehenden Prozessen innerlich folgen zu können. Obwohl diese Grundlagenübung eine einfache ist, könnte sie dennoch für Menschen mit starken biografischen Verletzungen bereits überfordernd sein. Ich möchte deshalb sehr empfehlen, behutsam vorzugehen. Am Ende dieses Buchs finden Sie einige Hinweise dazu, welches Verhalten in emotional überfordernden Situationen hilfreich sein kann. Bitte lesen Sie sich den Inhalt *vor* Beginn der Übung sorgfältig durch. Falls Sie sich während der Übung an einer Stelle überfordert fühlen, brechen Sie bitte ab und befolgen Sie die für diesen Fall aufgeführten Schritte.

Wichtige Informationen zur Übung

Es gibt viele Kanäle, über die wir wahrnehmen können. Einigen von ihnen wenden wir uns mit der folgenden Übung im Einzelnen zu. Die meisten stehen für unsere inneren Sinne, manche gehen darüber hinaus. Sollte beim Wahrnehmen eines Kanals ein anderer ohne Absicht plötzlich hinzukommen, macht das nichts. Es ist normal, dass dies geschieht. Halten Sie einfach den Fokus auf den ursprünglich anvisierten Kanal. Dieser Ansatz ist ein sehr liebevoller, Sie können nichts falsch machen!

» Um den Fokus während der Übung nicht zu verlieren, empfehle ich, Erinnerungstöne zu Hilfe zu nehmen. Im Zeitalter des Smartphones kann man sich heutzutage eine kostenlose Gong-App auf sein Telefon laden. So ertönt in einem Zeitabstand, der für Sie angenehm ist (zum Beispiel alle zwei Minuten), ein Gong. Dieser erinnert Sie sanft daran, zur Übung zurückzukehren, falls Ihre Gedanken Sie weggetragen haben.

» Wenn folgendes Bild für Sie stimmig ist, stellen Sie sich während der Übung vor, Sie hätten eine Satellitenschüssel auf Kopfhöhe oder über Ihrem

Kopf platziert, mit der Sie die aufkommenden Signale empfangen können. Sollte Ihnen diese Vorstellung nicht zusagen, lassen Sie sie einfach weg und folgen den Übungsschritten ohne sie.

» Bei allem, was in den von mir gleich angeleiteten Kanälen aufkommt, möchte ich Sie einladen, nicht angestrengt in Ihrem Inneren nach Signalen zu *suchen*, sondern sie mit Ihrer Satellitenschüssel nur zu *empfangen*. Es geht darum, nicht aktiv etwas zu machen, um an die Signale zu gelangen (was am Anfang oft unmöglich erscheint, mit etwas Übung jedoch »normaler« wird), sondern diese zu Ihnen kommen zu lassen.

» Sprechen Sie das, was Sie in den Kanälen empfangen, laut oder flüsternd aus – so, wie es sich für Sie richtig anfühlt. Wichtig ist, dass Sie die Signale nicht nur denken. Ansonsten kann es sein, dass Sie von Ihren Gedanken abgelenkt werden. Durch das Aussprechen können Sie fokussierter bleiben. Sollten Sie immer wieder weggezogen werden, ist auch das nicht schlimm. Sobald Sie den nächsten Gongschlag hören, sind Sie wieder präsent. Bei vielen Menschen gehört es zu ihrem Schutzprogramm, dass sie von Gedanken weggezogen werden. Dadurch soll verhindert werden, dass sie mit sich in Kontakt treten. Wie in diesem Buch ausführlich beschrieben, hat sich in unserer Kindheit durch unsere Not das biografische Schutzprogramm in uns entwickelt. Es war sehr wichtig, dass wir uns nicht nahe kommen konnten. Wenn Gedanken uns wegziehen, wirkt ein Schutzmechanismus aus jener Zeit. Deshalb ist es kein Fehler, sondern ein liebevoller Versuch, uns zu schützen.

» Sollten Sie in einem Kanal nichts wahrnehmen, bleiben Sie bei dem Nichts. Das Nichts ist beim *EssentialCore*-Ansatz ebenfalls ein Signal. In dem Fall nehmen Sie einfach nur das Nichts wahr.

» Wenn es sich für Sie gut anfühlt, verweilen Sie mindestens zwei Minuten lang in dem jeweils angeleiteten Kanal. Ist es für Sie nicht angenehm, verändern Sie den Zeitabstand so, wie er für Sie passt.

ÜBUNG

1. Machen Sie es sich bitte bequem, stellen Sie nun Ihre Gong-App ein und schließen Sie die Augen.
2. Atmen Sie ein paar Mal tief ein und aus und spüren Sie, wie sich Ihr Brustkorb und Ihr Bauch durch Ihre Atmung bewegen. Atmen Sie dann normal weiter, ohne Ihre Atmung zu beeinflussen, und nehmen Sie bitte wahr, wo genau Ihr Körper die Unterlage berührt.
3. Stellen Sie sich – sofern Ihnen das hilft – nun eine Satellitenschüssel auf Kopfhöhe oder über Ihrem Kopf vor.
4. Richten Sie Ihre Aufmerksamkeit auf Ihren Gedankenkanal. Was empfangen Sie an Gedanken? Sprechen Sie diese aus, *ohne* etwas damit zu machen.

5. Richten Sie, bildlich gesprochen, nun ihre Satellitenschüssel vom Gedankenkanal weg auf den *inneren* Hörkanal. Was hören Sie? Vielleicht gibt es Sätze, vielleicht Töne, vielleicht Musik oder Schreie oder vielleicht Stille? Nehmen Sie einfach wahr, was Sie empfangen, ohne auch hier etwas damit zu machen.
6. Drehen Sie Ihre Satellitenschüssel noch einmal weiter und nehmen Sie jetzt den Bildkanal wahr. Was sehen Sie vor Ihrem geistigen Auge? Ist es vielleicht hell oder dunkel, tauchen Bilder auf oder sehen Sie geometrische Formen?
7. Nun kommen wir zum Spürkanal. Bei *Essential-Core* gibt es hier zwei Ausrichtungen: Das Wahrnehmen von Körperempfindungen und das Wahrnehmen von Atmosphären. Nehmen Sie als Erstes Ihre Körperempfindungen wahr. Was können Sie an angenehmen und unangenehmen Empfindungen in Ihrem Körper gerade empfangen? Spüren Sie zum Beispiel einen Druck auf der Brust, eine wohlige Wärme rund um Ihre Bauchgegend oder eine Verkrampfung im oberen Rücken?
8. Fragen Sie sich auch, ob Sie die Empfindungen tatsächlich spüren können oder ob Sie diese denken oder innerlich »nur« sehen. Nach meiner Erfahrung denken oder sehen manche Menschen beim Anwenden dieser Übung zu Beginn Empfindungen manchmal eher, als dass sie sie körperlich spüren.

9. Jetzt nehmen Sie bitte den Spürkanal im Hinblick auf die Atmosphäre(n) in Ihnen wahr. Atmosphären können manchmal konkret benannt und manchmal eher diffus wahrgenommen werden. Würden Sie zum Beispiel sagen, Sie haben im Moment eher eine fröhliche, eine wütende, eine traurige oder eine ängstliche Atmosphäre in sich? Oder vielleicht mehrere gleichzeitig? Gibt es noch andere Atmosphären, zum Beispiel ein Empfinden von Einsamkeit, Leichtigkeit, Schwere, Ruhe oder Ähnliches? Sprechen Sie weiterhin laut aus, was Sie wahrnehmen, ohne etwas damit zu machen.
10. Drehen Sie Ihre imaginäre Satellitenschüssel nun noch ein letztes Mal weiter und richten Sie Ihre Aufmerksamkeit auf Bewegungen, die Sie in Ihrem Inneren wahrnehmen können. Gibt es zum Beispiel das Empfinden, dass Ihr Hals sich zuschnürt oder Ihr Brustkorb sich weitet?
11. Öffnen Sie jetzt bitte die Augen, strecken Sie sich und atmen Sie ein paar Mal tief durch, um sich wieder gut im Raum zu orientieren. Trinken Sie gern auch einen Schluck Wasser.
12. Wie geht es Ihnen nach der Übung? Wie fühlen Sie sich? Machen Sie sich ein paar Notizen dazu.

Wie ich erwähnte, gibt es weitere Kanäle. Um die Übung jedoch nicht zu überfrachten und sie nicht zu lang werden zu lassen, belasse ich es bei den benannten. Führen Sie diese Achtsamkeitsübung so oft durch, wie Sie möchten, um Ihr Kanalbewusstsein für sich zu entwickeln. Sie bildet die Basis, um innere Prozesse in sich überhaupt empfangen und aufgreifen zu können, sodass anschließend die emotionale Selbstbegleitung beginnen kann.

Die drei Arten des Reifens

Haben Sie sich schon einmal gefragt, wie es sein kann, dass eine Person, die als geistig spirituell gilt – vielleicht sogar als erwacht oder erleuchtet –, moralisch zu verurteilende Dinge tut? Leider hören wir immer wieder von Übergriffen Geistlicher oder von verwerflichem Verhalten spiritueller Menschen. Wie geht das überein? Es wäre zu leicht zu sagen, diese Menschen hätten ihrem Umfeld nur etwas vorgemacht. Bei einigen mag dies der Fall sein, aber sicher nicht bei allen. Um die tiefer liegenden Gründe hierfür verstehen zu können, ist es erforderlich, die drei inneren Reifebereiche zu kennen:

- » **die geistige Reife**
- » **die mentale Reife**
- » **die emotionale Reife**

Wie ich an anderer Stelle bereits erwähnte, kann jede Form von Gliederung immer nur modellhaft sein. Die Facetten unseres Innenlebens sind nie vollständig voneinander getrennt, sie greifen in gewisser Weise auch ineinander. Sie dennoch zu unterscheiden, kann uns helfen, wichtige Einzelaspekte sichtbarer zu machen.

In unserer Gesellschaft steht die *mentale* Reife im Allgemeinen für die Fähigkeit, sachlich, ruhig und vernünftig zu sein. Ein Mensch mit diesen Eigenschaften gilt als jemand, der seine Gefühle und Emotionen im Griff hat. Läuft unser eigenes Schutzprogramm noch weitestgehend unbewusst in uns ab, haben wir keinen guten Kontakt zu unseren ungeliebten Kindern. Wir erleben dann bestimmte Emotionen als störend, ängstigend oder sie übermannen uns.

Jemandem, der seine Emotionen unter Kontrolle zu haben scheint und dadurch ruhig und besonnen wirkt, schenken wir deshalb schnell Vertrauen. Wir setzen die Kontrolle von Emotionen, die mit erwachsenem und souveränem Verhalten im Außen einhergeht, mit mentaler Reife gleich. Würde beispielsweise ein Politiker oder Wirtschaftsführer bei einer Rede weinen, wären vermutlich manche Menschen verunsichert. Sie könnten denken, er ließe sich zu stark von seinen Emotionen leiten und sei deshalb zu schwach, um seine Aufgaben zu erfüllen. Aus unserem geliebten Kind heraus haben wir in Bezug auf Emotionen und Gefühle Vorurteile. Wir trauen ihnen nicht. Dabei liegt es nicht an den Emotionen oder Gefühlen an sich, sondern einzig und allein an der Kompetenz, ihnen zu begegnen.

Da unser emotionales Überlebensprogramm aus der Kindheit unter anderem darauf ausgelegt ist, uns unserem Umfeld anzupassen, und dies nur gelingen kann, indem wir als geliebtes Kind Kontrolle über unsere ungeliebten Kinder zu erreichen versuchen, geht mit der Erlangung mentaler Reife ein Problem einher. Denn die Ebene, die innerhalb unseres Schutzprogramms am ehesten unser geliebtes Kind bedient, ist die mentale Ebene. Das heißt: Wirkt jemand vernünftig, besonnen und souverän, muss das keineswegs bedeuten, dass dieser Mensch aus einer *inneren* erwachsenen Instanz heraus handelt. Er könnte dies auch aus einer inneren kindlich kontrollierten Position tun. Und häufig genug ist das leider auch traurige Realität. Traurig deshalb, da in einem solchen Fall Schwierigkeiten auftreten können. Denn erweist sich unsere mentale Reife als ein Produkt unseres Schutzprogramms, ist der Boden, auf dem sie entstand und (immer noch) steht, fragil. Die Besonnenheit stellt sich in einem solchen Fall nicht als das natürliche Ergebnis eines inneren Weitblicks ein – den wir dementsprechend nach außen transportieren können –, sondern sie beruht auf Selbstbeherrschung. Das wäre der Gegenpol zur fehlenden Kompetenz, den eigenen Emotionen zu begegnen.

In dem Moment, in dem wir etwas zu kontrollieren versuchen, üben wir Druck aus. Dadurch entsteht sofort Gegendruck. Diese Gegenströmung entlädt sich dann beispielsweise in moralisch verwerflichen Handlungen, die mit dem vertrauenswürdigen »reifen« Auftreten der Person nicht übereinstimmen. Wir lesen dann zum Beispiel in der Zeitung, dass die betreffende Person in Korruption verwickelt ist, und verstehen es nicht. Dieser Mann oder diese Frau kann wie ein Fels in der Brandung gewirkt haben. Und es war nicht gelogen, weil das Handeln dieser Personen der Ausrichtung ihres geliebten Kindes entsprach. Aber dieses souveräne Agieren sagt nichts darüber aus, wie sie sich in Situationen verhalten werden, die sie ganz persönlich betreffen. Wenn beispielsweise die Gier oder die Angst – etwa das Mangeldenken des ungeliebten Kindes: »Wo bleibe ich? Jetzt bin ich mal dran!« – aufkommt. Die Geschichte ist voll von Menschen, die als verantwortungsbewusst galten, bei denen aber unter veränderten Umständen nichts mehr davon übrig blieb.

Einer mentalen Reife, die nicht Hand in Hand mit einer Entwicklung auf emotionaler Ebene geht, ist meiner Ansicht nach nicht in Gänze zu trauen. Denn das, was mentale Reife zu einem Juwel und uns zu Erwachsenen werden lässt, ist unsere *emotionale* Reife. Unsere Kompetenz – unabhängig von äußeren oder inneren Umständen –, mit schwierigen aufkommenden Seiten in uns in einen guten Kontakt zu treten und liebevoll auf sie zu reagieren, ohne von ihnen überrollt zu werden. Es geht nicht darum, alle ungeliebten Kinder in uns zu kennen. Das ist unmöglich. Es wird immer Unbewusstes in uns geben. Unsere Sicherheit basiert nicht auf mehr Wissen, sondern auf unserer inneren Begleitungskompetenz. Ist sie unser Fundament – und nicht die Selbstbeherrschung –, können andere uns vertrauen, weil wir uns selbst vertrauen.

Geistige Reifung – womit ich gleichzeitig auch spirituelles Reifen meine – kann, wie eben bei der mentalen Ebene beschrieben, ebenfalls innerhalb unseres Schutzprogramms bis zu einem gewissen Grad geschehen. So können wir uns, *obwohl* wir uns noch innerhalb unseres biografischen Schutzprogramms bewegen, mit einer höheren Kraft verbunden fühlen. Wir können Einheitserfahrungen erleben und diese spirituelle Verbindung auch tatsächlich authentisch empfinden, während wir *gleichzeitig* in der Tiefe emotional verstrickt sind. Unsere Fähigkeit, uns nach oben hin zu öffnen, sagt nichts darüber aus, ob wir auch einen Kontakt nach unten in unseren Bewusstseinskeller haben. Und nicht selten suchen Menschen gerade deshalb Zuflucht im Spirituellen, weil sie nicht wissen, wie sie mit ihren Emotionen umgehen können – zum Beispiel mit ihrer Angst. Auch hier gilt: Ein Reifen auf geistiger Ebene und damit die Nähe zu einer spirituellen Kraft kann sich unabhängig von einer *emotionalen* Reife einstellen, genau dadurch aber auch schwierig oder sogar gefährlich werden. Denn haben wir ein geliebtes Kind, das sich über eine geistig spirituelle Ausrichtung definiert, kommen wir in Teufels Küche, wenn bestimmte Sehnsüchte oder Verlangen in uns aufkommen. Haben wir keine *emotionale* Reife erlangt, können wir dem Aufkommenden nicht begegnen, sondern können nur versuchen, uns durch Meditation, Beten oder andere Maßnahmen davon zu distanzieren.

Wie ich schon bei der mentalen Reife beschrieben habe, ergibt sich daraus ein zentrales Problem: Immer wenn wir etwas zu beherrschen versuchen – das heißt, wenn wir uns etwas verbieten, statt es innerlich zu erkunden –, setzt das eine Gegenbewegung in Gang. Dadurch bekommt dieser Aspekt Macht. Und manche Menschen erliegen unabhängig von ihrer spirituellen Reife dieser Macht. Das zeigt uns auch die Geschichte, in der grausames und auf den ersten Blick unverständliches Verhalten immer wieder vorkam – und zwar ganz gleich, ob die betreffenden Menschen einer bestimmten Glaubensgemeinschaft angehörten oder selbst erschaffenen gefährlichen und verbrecherischen Ideologien erlagen.

Es gibt meiner Ansicht nach nur eine Möglichkeit, dies zu verhindern: Und zwar, indem wir den Fokus auf das *emotionale* Reifen richten. Auf eine emotionale Entwicklung oder anders ausgedrückt: eine emotionale Evolution. Und ich glaube, wir leben in einer Zeit, in der dies erstmalig auch möglich ist. Jahrhunderte haben wir die *mentale* Ebene in den Mittelpunkt gestellt – beginnend bei den Griechen, unterbrochen im dunklen Mittelalter und fortgeführt im Zeitalter der Aufklärung. Von den Befreiungsbemühungen unserer Vorfahren, uns als frei denkende Menschen in den Mittelpunkt zu stellen und nicht mehr vorgegebenen Dogmen zu unterliegen, profitieren wir heute alle. Ich bin sehr froh und dankbar, dass unsere Vorfahren diese Arbeit geleistet haben.

Auch die geistig-spirituelle Ebene hat eine Würdigung erhalten. In den östlichen Ländern spielt sie seit Jahrhunderten eine zentrale Rolle. Bei uns gibt es ebenfalls eine Ausrichtung, bei der diese Ebene im Zentrum steht: die christliche Mystik. Sie konnte sich nur nicht durchsetzen. Wie die wachsenden Zahlen Meditierender und anderer spirituell Suchender aber zeigen, ist der Hunger nach dieser Ebene in unserer Kultur stark ausgeprägt.

Was als Hauptebene noch nie im Zentrum stand – egal ob im Osten oder im Westen –, ist die *emotionale* Ebene. Natürlich gab es Sigmund Freud und später weitere herausragende Persönlichkeiten auf dem Gebiet der Psychologie. Durch sie haben wir im Westen einen großen Schatz erhalten. Unsere individuelle Persönlichkeit konnte in den Fokus gerückt und der Wert unserer Psyche anerkannt werden. Worte reichen nicht aus, um meinen Dank dafür auszudrücken. Ich bin mir sehr gewahr, dass ich ohne all dies nicht hier stünde. Es braucht nun aber ein Weitergehen. Unsere Emotionen »nur« zu therapieren genügt meiner Ansicht nach nicht mehr – unabhängig von der Therapierichtung. Wir benötigen einen Fokus auf die Art und Weise, *wie* wir unseren Emotionen begegnen. *Innerhalb* unseres Schutzprogramms oder aus ihm heraustretend. Um diesen Austritt zu ermöglichen, das heißt, um die *emotiona-*

le Ebene tatsächlich in den Mittelpunkt stellen zu können, ist die Einbeziehung einer emotionalen Selbstbegleitung erforderlich. Erst mit ihr können wir auf *tiefster* Ebene die Macht-Ohnmacht-Verletzungen unserer Biografie heilen und den Verwundungskreislauf beenden.

Allein die *emotionale* Reife kann *alle* Ebenen auf eine Weise verbinden, mit der wir das Potenzial unseres Menschseins in vollem Umfang leben können. Sie bildet das Fundament. Die Entwicklung dieses Ansatzes wird weitergehen. Nach uns werden andere kommen, die dies fortführen. Aber jetzt liegt es an uns, den nächsten Schritt zu gehen.

Laden wir unsere emotionale Intimität ein, wieder zu uns nachhause zu finden. Stoppen wir die Versuche einer inneren Amputation. Hören wir auf, jemand sein zu wollen, der wir nicht sind. Unsere Sehnsucht nach Leben ist berechtigt!

Der im 13. Jahrhundert lebende persische Dichter und Sufi-Meister Rumi sagte:

»Das, wonach du dich sehnst, sehnt sich auch nach dir.«

In diesem Sinne wünsche ich Ihnen aus tiefem Herzen alles Gute für Ihren Weg!

Ihre Maria Sanchez

Anhang

Was tun in emotional überfordernden Situationen?

Sollten Sie sich in einer Situation wiederfinden, in der Sie sich während einer Übung überfordert fühlen, sind stärkere äußere Reize erforderlich, damit Sie sich wieder gut im sicheren Hier und Jetzt einfinden können. Nutzen Sie in dem Fall bitte *mindestens drei* der folgenden Möglichkeiten zur Stabilisierung:

» Benennen Sie laut *mehrere* Dinge im Raum (mindestens vier), die Sie sehen (Beispiel: »Ich sehe das Fenster; ich sehe das Glas auf dem Tisch; ich sehe den Teppich; ich sehe die Vase.«).

» Benennen Sie *mehrere* Dinge laut (mindestens vier), die Sie im Außen hören (Beispiel: »Ich höre die Autos auf der Straße; ich höre die Nachbarn in der Wohnung nebenan sprechen; ich höre, wie die Uhr tickt; ich höre die Geräusche der spielenden Kinder vom nahen Schulhof.«).

» Berühren Sie Gegenstände im Raum – zum Beispiel das Sofa, eine Pflanze, einen Tisch – und beschreiben Sie, wie sie sich anfühlen.

» Klopfen Sie kräftig Ihren Körper ab (Ihre Arme, Ihre Beine usw.).

» Halten Sie Ihre Hände unter fließendes kaltes Wasser und spüren Sie die Kühle.

Grundsätzlich ist es wichtig, sich bei einer dauerhaften emotionalen Überforderung therapeutische Hilfe zu holen. Darüber hinaus empfehle ich, ausreichend Ressourcenübungen zu machen. Sie finden im Internet zahlreiche angeleitete Übungen dazu.

Alles Gute für Sie!

Glossar

Authentische innere Demokratie
Die innere Haltung, *jeder* Persönlichkeitsseite das gleiche Daseinsrecht zuzugestehen. Sie spielt bei der Annäherung an uns selbst eine wichtige Rolle.

Biografisches Schutzprogramm / Emotionales Überlebensprogramm (manchmal auch psychologisches Schutzprogramm oder Rettungsprogramm genannt)
Der Aufbau des geliebten und des ungeliebten Kindes in uns (und ihr Zusammenspiel), um den Kontakt zu unserer Urwunde zu verhindern.

Das geliebte Kind
Es umfasst alle Eigenschaften, die wir in unserer Kindheit als erstrebenswert eingestuft haben, zum Beispiel leistungsstark, sympathisch, hübsch, schlank, zuvorkommend, schlau oder fröhlich zu sein. Aufgrund unserer Erfahrung mit unseren engen Bezugspersonen, wozu beispielsweise auch die im Kindergarten zählen, sind wir davon überzeugt, dass wir nur dann in Ordnung sind, wenn wir diesem geliebten Kind in uns entsprechen können. Es beinhaltet alle Wunschbilder, wie wir sein wollen. Ziel des geliebten Kindes in uns ist es, durch das Erfüllen von Vorstellungsbildern und Erwartungen unseren Platz in der Welt zu finden und dadurch Sicherheit zu erlangen.

Das ungeliebte Kind
Es steht für die Persönlichkeitsseiten in uns, die von den Erwachsenen abgelehnt oder als nicht erstrebenswert angesehen wurden, zum Beispiel wenn wir schwach, depressiv, übergewichtig, aggressiv, ängstlich oder neidisch sind. Es steht damit für alles, was wir nicht sein wollen. Da wir nach dem geliebten Kind in uns streben, fühlen wir uns vom ungeliebten Kind gestört und manchmal auch bedroht. Aufgrund unserer Erfahrung glauben wir, dass es uns daran hindert, in der Gemeinschaft willkommen und dadurch in Sicherheit sein zu können. Wir lehnen es deshalb ab und versuchen, uns so weit wie möglich von ihm zu distanzieren. Es gibt geduldete ungeliebte Kinder (siehe geduldete Gefühle und

Emotionen) und verbotene ungeliebte Kinder (siehe verbotene Gefühle und Emotionen).

Duales Bewusstsein

Die Fähigkeit, sich auf zwei Ebenen gleichzeitig aufhalten zu können. In diesem Buch geht es beim dualen Bewusstsein um die Kompetenz der Prozessbegleitung während der emotionalen Selbstbegleitung. Es geht darum, auf der emotionalen Ebene und auf der geistigen Ebene gleichzeitig präsent zu sein.

Ebenen

Als Menschen sind wir innerlich immer auf verschiedenen Ebenen präsent. Dazu gehören die geistige, die mentale, die emotionale und die physische Ebene.

Emotion

Oberbegriff für alles, was mit dem Fühlen von etwas Unangenehmem zu tun hat, dessen Ursprung in der Vergangenheit liegt. Anders als ein Gefühl löst eine Emotion eine länger anhaltende Reaktion aus. Zu den Emotionen gehören die Empfindungen Wut, Traurigkeit, Angst, Scham und Ekel sowie alle Ausprägungen davon (zum Beispiel genervt sein als feinere Ausprägung von Wut). Eine Emotion kann entweder als Körperempfindung *physisch* wahrgenommen werden – beispielsweise Angst durch einen schnelleren Herzschlag, einen verkrampften Magen usw. – oder durch eine innere Atmosphäre, die für uns bereits spürbar, aber noch nicht als *physische* Körperempfindung greifbar ist – zum Beispiel Hilflosigkeit.

Emotionale Ebene

Zur emotionalen Ebene gehört alles, was wir im Hinblick auf unsere Emotionen und Gefühle wahrnehmen, zum Beispiel Angst, Wut, Traurigkeit usw. Auch innere Atmosphären zählen dazu. So könnte bei Traurigkeit zusätzlich die Atmosphäre von Einsamkeit zu spüren sein.

Emotionale Selbstbegleitung

Dieser Begriff beschreibt die Fähigkeit, die emotionale Ebene zur Hauptebene zu machen. Die emotionale Selbstbegleitung spielt für den Ausstieg aus dem biografischen Schutzprogramm eine ganz zentrale Rolle. Es braucht dafür den Aufbau einer »inneren Prozessbegleitung«.

Emotionales Überlebensprogramm / Biografisches Schutzprogramm (manchmal auch psychologisches Schutzprogramm oder Rettungsprogramm genannt)

Der Aufbau des geliebten und des ungeliebten Kindes in uns (und ihr Zusammenspiel), um den Kontakt zu unserer Urwunde zu verhindern.

Erlaubte Gefühle und Emotionen

Gefühle sowie Emotionen, die wir aus unserer Geliebten-Kind-Identität heraus haben dürfen und aus ihr heraus auch haben sollten. In der Regel dienen sie dazu, Anerkennung und Kontakt zu erhalten. Eines dieser Gefühle ist die Freude.

Erste Kindheit

Unsere biografische Kindheit mit all ihren emotionalen Verwundungen, die wir als Kind erlebt haben, allen voran unsere Urwunde.

Geduldete Gefühle und Emotionen

Gefühle und Emotionen, die dem ungeliebten Kind entsprechen, das dem geliebten Kind innerhalb des Schutzprogramms direkt im Kampf gegenübersteht. Aus Sicht des geliebten Kindes sind sie zwar nicht erlaubt, werden aber innerhalb des Schutzprogramms für den Kampf gegen das geliebte Kind gebraucht. Deshalb haben sie ein »Duldungsrecht«.

Gefühl

Eine Empfindung, die kommt und geht und die, im Gegensatz zur Emotion, nicht an biografische Ereignisse gebunden ist. Zu unseren sechs Grundgefühlen gehören: Freude, Angst, Wut, Traurigkeit, Scham und Ekel sowie alle Ausprägungen davon (etwa ein Genervtsein als feinere Ausprägung von Wut). Ein Gefühl kann entweder als eine Körperempfindung *physisch* wahrgenommen werden – wie Angst durch einen schnelleren Herzschlag, einen verkrampften Magen usw. – oder durch eine innere Atmosphäre, die für uns bereits spürbar, aber noch nicht als *physische* Körperempfindung greifbar ist – zum Beispiel Einsamkeit.

Geistige Ebene

Zur geistigen Ebene gehört das Erleben einer inneren Präsenz, die uns spüren lässt, dass wir mehr sind als unser Körper, unsere Gedanken und Emotionen. Diese Präsenz ermöglicht das Wahrnehmen unseres Selbst, von anderen und der Welt von einer übergeordneten Ebene aus. Oftmals geht sie mit transpersonalen Erlebnissen einher, zum Beispiel mit spirituellen oder religiösen Einheitserfahrungen. Wer schon tiefere Erfahrungen mit Achtsamkeitsübungen oder mit speziellen Formen der Meditation sammeln konnte, kennt diese Ebene, die über das persönliche Ich-Empfinden hinausgeht.

Getriggertsein

Die bewusste oder unbewusste Kopplung eines Ereignisses in der heutigen Zeit mit einem unverarbeiteten biografischen Erlebnis aus der (manchmal schon sehr lange zurückliegenden) Vergangenheit.

Glaubenssätze

Bewusste oder unbewusste Lebensregeln, die Einstellungen, Vorstellungen und Überzeugungen ausdrücken.

Hoheitsgebiet

Der psychische Bereich eines Menschen, der sich »unterhalb« des biografischen Schutzprogramms befindet und daher aus der Haltung des geliebten Kindes nicht erreichbar ist. Nur die innere Prozessbegleitung kann dieses Gebiet betreten. Im Hoheitsgebiet befinden sich die Urwunde und damit auch die verbotenen ungeliebten Kinder. Das Schutzprogramm zielt darauf ab, den Kontakt zum Hoheitsgebiet zu vermeiden.

Ich-Identität (emotionale)

Steht dafür, wer wir glauben, innerlich zu sein. Innerhalb des biografischen Schutzprogramms wird sie vom geliebten Kind bestimmt.

Mentale Ebene

Zur mentalen Ebene gehören unsere Gedanken und Überzeugungen sowie unsere Fähigkeit, Zusammenhänge zu erkennen sowie logisch und analytisch zu denken. Auch unser Vermögen, innere Bilder zu sehen, gehört zu dieser Ebene.

Paradigma (altes und neues)

Unterschiedliche Haltungen, mit denen wir uns in der Psychologie und der Spiritualität begegnen können. Das Paradigma, das vom geliebten

Kind bestimmt und geleitet wird und sich deshalb noch *innerhalb* des Schutzprogramms bewegt, nenne ich »das altes Paradigma«. Das, was außerhalb liegt, das neue.

Persönlichkeitsseite
Die verschiedenen Seiten des »Ich«.

Physische Ebene
Zur physischen Ebene gehören alle Empfindungen, die wir in unserem physischen Körper wahrnehmen können – zum Beispiel heiß oder kalt, Druck auf der Brust, eine entspannte oder angespannte Muskulatur, eine flache oder tiefe Atmung usw.

Prozessbegleitung
Eine liebevolle innere Instanz, die nicht in das biografische Schutzprogramm verstrickt ist. Sie ist das zentrale Element bei der emotionalen Selbstbegleitung, denn sie ermöglicht das duale Bewusstsein.

Ressourcenübung
Anbindung an innere Stärken und innere Orte des Wohlfühlens.

Trauma
Es gibt verschiedene Traumaarten. Die bekanntesten sind »Schocktrauma« und »Entwicklungstrauma«. Als Schocktrauma bezeichnet man ein einzelnes schreckliches und überwältigendes Erlebnis. Beim Entwicklungstrauma geht es um viele »kleinere« verletzende Erfahrungen, die nach außen nicht so offensichtlich sichtbar sind. Die Folgen eines Entwicklungstraumas können genauso leidvoll sein wie die eines Schocktraumas.

Urwunde
Jedes Kind hat das seelische Grundbedürfnis, mit seinem ganzen Sein angenommen zu werden. Erfährt es dies nicht, verliert es seine Ganzheit. Es entsteht eine Urwunde. Fast jeder Mensch trägt sie in sich.

Verbotene Gefühle und Emotionen
Gefühle und Emotionen, die dem ungeliebten Kind entsprechen, das wiederum zur Urwunde gehört. Da sie sich im Hoheitsgebiet befinden, lassen sie sich *innerhalb* des Schutzprogramms nicht behandeln.

Danksagung

Ich möchte mich zuallererst bei allen Menschen bedanken, die mir bei unserer gemeinsamen Arbeit ihr Vertrauen geschenkt haben. Ohne das Teilen ihrer Erfahrungen hätte dieses Buch nicht entstehen können. Mit ihnen und durch sie lernen zu dürfen erfüllt mich mit tiefer Dankbarkeit.

Darüber hinaus gibt es Menschen, die mit großem Einsatz das Entstehen dieses Buchs ermöglicht haben. Besonders erwähnen möchte ich zum einen meine enge Freundin Natascha Galinski. Sie hat mir die Möglichkeit geschenkt, ihr in Telefonaten zu Tag- und Nachtzeiten das Manuskript vorzulesen und darüber zu sprechen. Das war sehr hilfreich. Zum anderen gebührt mein tiefer Dank meinem Agenten Jürgen Pütz. Sein Engagement bei der Unterstützung dieses Buchs, sein ehrlich-herzlicher Einsatz für die Verbreitung des *Sehnsucht und Hunger*- sowie des *Essential-Core*-Ansatzes in die Welt ist bemerkenswert. Ich weiß dies sehr zu schätzen. Danken möchte ich aus tiefem Herzen auch meinem lieben Freund Harald Wieser, mit dem ich in unserem kleinen Café wunderbare, inspirierende Gespräche geführt habe – ich freue mich auf weitere. Seine Kompetenz sowie sein wacher und interessierter Geist kamen diesem Buch sehr zugute. Danke sagen möchte ich auch Cengiz Hakverdi. Es gibt nur wenige Menschen, bei denen Denkvermögen und Herzlichkeit in einer so bereichernden Form vereint anzutreffen sind. Seine Unterstützung war für dieses Buch sehr wertvoll.

Nicht unerwähnt lassen möchte ich meinen Dank an Günter Berg, der die Tür für die Veröffentlichung dieses Buchs beim Gräfe und Unzer Verlag geöffnet hat, und natürlich auch an den Gräfe und Unzer Verlag selbst für die Möglichkeit, dieses Thema einem breiteren Publikum zugänglich zu machen. Darüber freue ich mich sehr. Und last, but not least möchte ich Ihnen, liebe Leserinnen und Leser danken, dass Sie dieses Buch in Händen halten. Ohne Sie wäre all dies nicht möglich. Danke!

Endnoten

[1] Timothy D. Wilson et al.: Social psychology. Just think: the challenges of the disengaged mind, 2014; Science (New York, N.Y.) 345(6192), S. 75–77.

[2] Khalil Gibran: Der Prophet. Der Narr. Der Wanderer. Übersetzer: Kim Landgraf, Anaconda, 1. Auflage 2010.

[3] www.barmer.de/presse/infothek/studien-und-reports/arztreporte/barmer-arztreport-2018-144304, 1.11.2018.

Register